LE MOINE

ET

LE PHILOSOPHE.

Cet ouvrage se trouve aussi :

Chez ALEXIS EYMERY, Libraire, rue Mazarine, n° 30;
DELAUNAY, au Palais-Royal;
PÉLISSIER, *idem;*
MONGIE, boulevard Poissonnière.

DE L'IMPRIMERIE DE DENUGON.

LE MOINE
ET LE PHILOSOPHE,

OU

LA CROISADE ET LE BON VIEUX TEMPS.

OUVRAGE CRITIQUE ET PHILOSOPHIQUE.

PAR RICARD SAINT-HILAIRE.

TOME PREMIER.

PARIS,

AU CABINET LITTÉRAIRE DE LE ROI,
Rue de Richelieu, n° 52, passage Beaujolois;

ET A LYON, CHEZ MANEL FILS, LIBRAIRE.

1820.

MOTIFS

DE CET OUVRAGE.

J'AI vu la calomnie, le meurtre, l'assassinat réunis sous les prétendues bannières des lys et de la religion, poursuivre, égorger les citoyens, sans pitié pour l'enfance, la vieillesse, le sexe, la beauté; les égorger devant les temples de la justice et de la Divinité, devant les palais de l'administration, toutes vainement invoquées par le cri et le sang des victimes. J'ai vu l'incendie dévorer les guérets; j'ai vu les maisons démolies, la terre des tombeaux fouillée et les ossemens des *hérétiques* jetés pour dernière proie aux *défenseurs* de l'autel et du trône.

Tandis que les uns, semblables aux vampires, s'acharnaient sur les cadavres, les autres, et parmi eux des enfans et des femmes plus affreuses que les sorcières de Machbeth, les mains entrelacées, dansaient autour des assassins et des morts, prédisant de nouveaux forfaits, invitant par des cris féroces Dieu et le Roi à la joie de leurs horribles festins; et, tout à la fois, vomissant contre eux les plus abominables injures. Dieu, s'écriaient-ils, parlait à son peuple pour lui ordonner le massacre et l'extermination. Dieu se fit homme pour demander le sang des hommes; et le Roi!.... Prince auguste, que n'avez-vous entendu leurs blasphèmes!...,

J'ai vu la justice, j'ai vu.... mais disons en un mot tous les crimes, *j'ai vu* 1815 dans le midi.

Moi-même poursuivi par des misérables....... Je ne veux point parler de moi, mais je dois faire connaître les circonstances qui m'ont porté à écrire cet ouvrage.

Réfugié au sein d'un peuple chrétien et religieux, tolérant et hospitalier; réfugié parmi les protestans des montagnes, avec les veuves et les orphelins des protestans de la plaine, je voyais leurs larmes et j'entendais dans le lointain les rugissemens des barbares qui réclamaient les victimes échappées à leur fureur, et menaçaient le peuple hospitalier. Ils menaçaient vainement; le Cévénol, d'une main tenant le soc, et de l'autre son épée, invoquant son Roi, priant l'Eternel, mit les proscrits à côté de sa charrue et continua à féconder ses guérets en se préparant aux combats.

A cette odieuse époque à laquelle on a voulu, bien mal à propos (1), compa-

---

(1) Je ne citerai qu'un fait pour donner une

rer la terreur de 1793, plus générale, sans doute, mais certainement moins odieuse en morale, car du moins en 1793 le crime se présentait franchement : on vit se renouveler toute la bassesse, tout le ridicule, toutes les momeries, tous les forfaits de la ligue.

Alors, comme du temps de Mayenne, l'étranger dominait dans nos villes, la superstition ultramontaine débitait ses funestes maximes, et mettait le poignard assassin dans les mains des fanatiques. Du temps de Mayenne, et

---

idée de la terreur qui régnait dans Nîmes. Un protestant se réfugia dans un tas de fumier, on lui donnait à manger au bout d'une fourche, et il y resta jusqu'à ce que ses habits ayant été percés par les vers, il ne put plus supporter les tourmens que lui occasionnait la multitude des vers accourus pour le dévorer, et qui le dévoraient. Il se détermina enfin à fuir ce triste réduit. Il eut le bonheur de parvenir à sortir de la ville.

même après sa chute, les compagnons d'Henri IV, ceux qui *l'avaient porté sur leurs épaules de de-là la rivière de Loire* (1), étaient calomniés, maudits, proscrits, pillés et égorgés. En 1815, les enfans de ces guerriers subissaient un sort pareil; si la Saint-Barthélemi générale ne fut pas renouvelée, le projet en fut, il est permis de le croire, médité et arrêté.

A mesure que les cœurs se corrompaient, on multipliait les pratiques extérieures, on remplaçait les bonnes œuvres par des pénitences; on se croyait innocent parce qu'on était absous, et agréable au ciel parce qu'on était en horreur à la terre.

Il était permis de tromper, de calomnier, de dénoncer, de piller, d'égorger les protestans; « car les protes- » tans sont des enfans du diable, des

(1) Expression d'un écrit du temps.

» *gueules noires* (*gorjo negro*); noir-
» cies au feu d'enfer; leur religion a été
» faite par un ivrogne, leurs femmes se
» prostituent publiquement dans les
» casernes (1). »

---

(1) Telles étaient en partie les injures qu'on vomissait contre les protestans. On vit des bandes disserter dans les rues et dans les corps-de-garde sur la damnation des hérétiques. Une seule famille a eu cinq hommes égorgés; l'un d'eux disait sous les coups des bourreaux : je meurs pour ma religion.... Belle religion! lui répondit un assassin, elle a été faite par un ivrogne. Dès le commencement de la réforme, on calomnia les protestans auprès du peuple; le Roi et les parlemens se joignirent au clergé, et le peuple trompé par ses guides conçut contre les protestans une haine qu'il crut juste, et qu'on nourrit en lui avec du sang. Cette haine existe dans toute sa force. Sur les montagnes de la Lozère, où l'on n'a point vu de protestans, on croit encore qu'ils ne sont pas faits comme les autres hommes. Ce sont des espèces de monstres dont la bouche est noircie par le diable, et de là vient le nom de *gorjo negro* qui leur est donné dans le Languedoc par les catholiques.

En conséquence, si d'un côté on les égorgeait, de l'autre *on en faisait des chrétiens;* on vit les principaux fonctionnaires et habitans d'une grande ville tenir sur les fonts baptismaux quelques misérables de la lie de la populace que la crainte du poignard ou les tentations de la misère décidaient à changer de religion, et célébrer dans des orgies publiques le triomphe de Jehova sur Baal. Les temples étaient fermés ou livrés aux flammes; les livres saints, objets continuels de la haine des orthodoxes, étaient déchirés et foulés aux pieds; on destituait les fonctionnaires hérétiques (1); quelques-uns changeaient

(1) On était souvent fort embarrassé pour les remplacer dans des cantons protestans. On y formait, en garde nationale, pour protéger la propriété, la basse canaille sans propriété. Dans un village, on épura la municipalité protestante, et on nomma maire ou adjoint, un galérien, seul ca-

de religion, lâches qui déclaraient par leur apostasie se mettre à la tête des persécuteurs, car tout transfuge s'engage nécessairement à livrer ses frères. Judas renia son maître et le vendit.

Cependant les confréries se peuplaient de nombreux adeptes, et de partout on invoquait le retour *des anciens jours*. Un homme, dont je ne désignerai pas les fonctions, par respect pour elles, disait : nous ne serons heureux que lorsque la sainte inquisition sera rétablie. Un autre débitait dans un lieu que je ne désignerai pas non plus, quoique son discours ait été imprimé *par ordre*, qu'il fallait réduire les protestans à la vie animale.

Un trait fera connaître l'esprit de ce temps. J'étais dans une commune rurale

---

tholique, je crois. M. le maire ou adjoint se fit chef de bande. Il est mort sur l'échafaud après avoir égorgé un prêtre.

dont tous les habitans sont réformés; tous, hormis une femme, jadis servante de ferme et sans fortune; un agriculteur l'épousa, et ne l'inquiéta jamais sur sa religion. Elle était alors veuve; sans égard pour la mémoire et les bienfaits de son époux, elle obséda son fils jusqu'à ce qu'elle lui eût fait renier la religion de son père; elle le forma au catholicisme et à la délation; elle lui inspirait la haine de ses frères. La nuit elle errait de hameau en hameau, de maison en maison pour épier les larmes, et courait à la ville les dénoncer aux Autrichiens, et au comité directeur; présentant à ce dernier, en preuve de la pureté de sa foi, ses calomnies contre le prochain, et l'apostasie de son jeune fils.

Tel orthodoxe, quelques années auparavant, frappait avec amitié dans la main d'un hérétique, qui l'eût alors avec joie percé d'un glaive pris sur l'autel.

Un écrivain a dit, avec plus de vérité qu'il ne le voulait peut-être: Les ligueurs d'autrefois seraient les royalistes d'aujourd'hui.

Quelle fut ma surprise de me voir entouré de tant de simples, d'idiots, de fanatiques enragés! comment trouvais-je dans leur bouche, et dans toute *leur pureté*, les prétentions, les doctrines du Pape Grégoire VIII, du moine Mathieu, d'Escobar et de Malagrida! je vis alors clairement que les véritables athées sont les fanatiques et les superstitieux; non-seulement ils ne croient pas à la présence réelle, en honneur de laquelle, pourtant, ils versaient tout le sang des hérétiques; mais ils ne croient pas en *Dieu*; (j'en ai fait convenir plus d'un); ils ont des fétiches, des *dieux*, et point de *Dieu*. C'est le paganisme des Gentils joint au fanatisme sanguinaire des Hébreux.

Leur religion est toute en pratiques;

leur foi est l'esclavage, la servitude et le meurtre; leur doctrine, la seule, c'est la toute-puissance de l'Eglise, et la réprobation des hérétiques. L'Etat est dans l'Eglise, le pape est le maître du ciel et de la terre.

Je fis tout ce qu'il était possible de faire dans ma position; j'attaquai les scélérats pendant leur triomphe même, je voulus les faire punir, et mettre un terme à leurs crimes; je ne réussis à rien qu'à attirer sur moi leurs poignards, qu'à être victime moi-même, je dois le dire pour mon honneur, puisqu'un tribunal (1) a retenti des terribles reproches adressés par un avocat aux magistrats du Gard; que les journaux de la France, et sans doute ceux de l'étranger, les ont répétés; et que l'histoire indignée les inscrira dans ses pages sanglantes.

---

(1) Cour d'Assises de Riom.

En 1815, la France fut en proie à une nouvelle irruption de barbares, mais ces barbares étaient sortis de nos rangs; il y a parmi nous un peuple qui en est encore au siècle des croisades; quand ce peuple, maudissant les hommes du 19e siècle, couverts des lauriers du génie et des palmes civiques, parut sur la scène, on aurait pu croire que les sicaires de Montfort, de l'ermite Pierre et des Seize s'étaient jadis endormis comme Epiménide, et s'étaient réveillés tous ensemble à la voix de l'Etranger, maître de la France trahie, pour lui aider à la dévaster, pour détruire les monumens des arts, et renverser les flambeaux des lettres et des sciences que Wellington ne pouvait emporter.

Je crus donc utile de combattre les opinions de ceux que je ne pouvais faire punir; je conçus et j'exécutai l'Ouvrage que je présente au public; je l'écrivis dans l'indignation de mon âme, et j'avais sous les yeux tant de gens qui soutenaient ces doctrines pernicieuses, que tout naturellement je me trouvai conduit à imiter leur langage; je feignis donc qu'un Jésuite et un Dominicain tenaient la plume; et j'écrivis comme ils écriraient s'ils osaient en entier dévoiler leur âme et leurs prétentions, convenir des conséquences de leurs principes, et avouer où ils voudraient nous conduire. Depuis lors, j'ai adouci, j'ai effacé beaucoup de passages, et j'ai écrit ma dernière partie sans la supposer l'ouvrage d'un autre. De cette manière j'ai pu *varier* mes discours et mon style.

Mon moine est un vrai moine, un béat de bonne foi, il expose ouvertement ses principes, et il se conduit conséquemment à ses opinions.

Mon philosophe est toujours tolérant et modéré; et quoique le fanatisme et la superstition aient causé sa ruine et celle de sa famille, il ne cesse point d'être religieux; il est vrai que sa religion, qui est le véritable christianisme puisqu'elle le rend bienfaisant et généreux envers tous les hommes, n'est pas plus la religion des fanatiques, qu'elle n'est le christianisme des docteurs en droit canon et en théologie.

Cet ouvrage pourra m'attirer de nombreux ennemis; mais j'espère qu'il sera certain, pour tous mes lecteurs de bonne foi, que c'est l'horreur du crime, quelque masque qu'il porte, qui l'a inspiré; et que mon dessein a été d'être utile en cherchant à ramener les hommes à la saine morale et à la vérité.

DISCOURS

OU

SERMON PRÉLIMINAIRE

DU JÉSUITE.

Mes très-chers frères,

L'œuvre du démon s'est accomplie, vous savez lire, vous savez écrire; vous lisez et vous écrivez. C'est malgré nous, vous ne l'ignorez pas. Nous n'avons cessé de déclamer, de crier, de prêcher, d'invectiver contre les lumières, les savans et les philosophes. Nous vous avons signalé le danger de leurs fausses doctrines. Nous les avons brûlés d'abord sous le nom d'hérétiques; nous avons ensuite essayé de les faire brûler comme philosophes seulement; nous n'avons réussi pour lors qu'à les faire envoyer en prison ou en exil, mais nous avons fait brûler leurs livres. Cependant ces livres sont sortis de leurs cendres, et non comme le phénix, un à un, mais par milliers. Ce n'est donc pas notre faute si vous lisez et écrivez; si vous lisez de mauvais livres, et si vous en composez quelquefois.

Nous avons mis à *l'Index* la plupart des ouvrages français écrits avec un certain agrément. Nous avons défendu de lire la Bible même, livre très-dangereux. On y trouve à côté des armes dont nous nous servons pour vous forcer à marcher dans la bonne route, des armes pour repousser l'esclavage et le despotisme. Cette maniere d'agir a fait dire à un philosophe à courtes vues: « Je ne sais si la congrégation de *l'Index* n'a pas le sens commun, ou si » c'est nous qui en manquons, mais il

» est sûr qu'il n'y a pas un seul bon » livre de piété ou de morale, dans notre » langue, qu'elle n'ait proscrit (1). »

La congrégation ne manque pas de sens; n'ayant pu vous empêcher d'apprendre à lire, nous voudrions vous laisser, seulement pour vos menus plaisirs, la Cuisinière bourgeoise, les Quatre fils Aymon et l'Almanach de Pierre Larivey, bien supérieur à celui de Liège; il ne contient que les jours et les mois. Obligés de vous donner des prières et des fragmens de l'Evangile, nous vous les présentâmes dans une langue morte. Si vous aviez voulu rester dans l'ignorance, vous auriez toujours regardé vos prêtres comme des oracles; nous vous aurions conduits au ciel par le droit chemin; vous nous auriez laissé le gouvernement des choses d'ici-bas, et tout

---

(1) Encyclopédie.

aurait été le mieux possible dans le meilleur des mondes. Nous aurions fait la pluie et le beau temps, et vous ne seriez pas réduits à attendre quand vous avez besoin de pluie qu'elle tombe d'elle-même, ou que le soleil se lève comme il lui plaît. Vos offrandes ont cessé, nous ne faisons plus de miracles.

Vous y auriez beaucoup gagné, mes très-chers frères ; d'abord, vous seriez pauvres.

Les richesses sont un obstacle au salut. Dieu a dit : les riches n'entreront pas dans le royaume des cieux.

Nous, nous serions riches, et la difficulté d'aller au ciel ne nous effraierait pas, nous y allons de droit.

Vous, vous vivriez et vous auriez vécu toujours en paix, sous la tutelle de l'Eglise et sous le fouet des seigneurs. Vos pères étaient fort heureux, vous le seriez vous-mêmes.

Pour vous émanciper malgré nous, et arracher le fouet des mains de la noblesse, ce fouet tressé pour vous rendre sages et vous forcer à vivre saintement et heureusement, il a fallu je ne sais combien de guerres, de massacres, de révoltes, car nous avons défendu vos intérêts jusqu'au bout. Nous avons guerroyé contre vous; nous vous avons massacrés sans écouter une fausse pitié; nous guerroierons, et nous vous massacrerons tant que nous le pourrons pour vous remettre sous la tutelle et sous le joug, c'est-à-dire, pour votre bien. Tout le mal dont vous vous plaignez est arrivé par votre faute. Vous êtes coupables de votre sang répandu par nos mains, à plus forte raison de notre sang répandu par les vôtres. Si vous aviez obéi sans murmurer, nous ne vous aurions pas exterminés, vous n'auriez pas même reçu des coups de fouet. Quand l'esclave est battu, il a tort d'avoir forcé son maître à le battre. Vous pouviez donc n'être ni tués ni battus; que n'étiez-vous contens! nous l'étions, tout l'aurait été; l'ancien temps était donc le bon temps. Plût à Dieu! fussions-nous aujourd'hui comme alors!

Au lieu de voir les peuples soulevés contre le trône et l'autel, demandant des constitutions et la tolérance religieuse; nous verrions les peuples soumis et respectueux; s'il y avait quelques récalcitrans, l'épée, l'excommunication et le bûcher ôteraient aisément la brebis galeuse du milieu du troupeau. On paierait la dîme et les censives; les droits de bannalité, d'albergue, de cuissage, et autres pareils, ou en nature ou du moins en argent. Les seigneurs bâtiraient des châteaux-forts, et iraient, de-là, faire des excursions sur les grandes routes; les chevaliers errans mettraient les enchanteurs à la raison; le clergé exorciserait les rats, les mouches; et, comme jadis, il n'y aurait sur la terre ni voleurs sur les grands chemins, ni rats, ni démons, ni enchanteurs, ni possédés, et surtout point de philosophes : on verrait alors le nouveau règne de Dieu, par le moyen des chevaliers, des exorcismes, des excommunications, des croisades, dragonades et *auto-da-fé*, toutes choses nobles et saintes.

Vous n'avez plus voulu de ce bon temps. Le jour où l'un de vous sut lire, vos malheurs commencèrent; l'esprit de rébellion s'empara de ce premier lecteur; et, de l'un à l'autre, il fit de tels progrès que nous n'avons pu réussir à vous exterminer tous, pour votre bien. Le résultat de vos lectures, le voici : Vous êtes éclairés, mais indévots; libres, mais malheureux; vous nous avez enlevé la terre, et nous vous avons fermé le Ciel; et, sur cette terre, où vous vivez sans foi et sans loi, vous êtes possédés du démon.

Ah! mes très-chers frères! il vous vaudrait cent fois mieux ne savoir pas lire; vous battriez encore pendant la nuit l'eau des marais pour empêcher les grenouilles de troubler le doux sommeil de la châtelaine; mais, peut-être le lendemain, vous honorerait-elle d'un coup-d'œil; vous paieriez les censives, mais vous auriez des seigneurs pour vous protéger; vous nous paieriez la dîme, mais nous ferions des miracles; quand vous seriez ensorcelés, nous chasserions les démons de vos corps. Que de biens vous avez perdus, et nous aussi!

Enfin, le mal est fait; vous savez, et vous voulez lire. Il faut donc vous donner de bons ouvrages; il faut chercher le remède au mal, dans le mal même; vous voulez la gazette le matin, le journal semi-périodique l'après-midi, des romans le soir; eh bien! vous aurez la gazette, les romans et le journal. Nous, ministre de Jehova, et chevaliers de la vieille-roche, nous vous faisions déjà des gazettes et des journaux, et nous avons décidé de vous faire aussi des romans. De cette manière, si vous voulez absolument lire, vous lirez des livres orthodoxes et conservateurs des bonnes doctrines; vous lirez jusqu'au moment où nous pourrons vous empêcher de lire, d'écrire, et de penser; car, si nous vous permettons tout cela, c'est par tolérance ou plutôt par impuissance.

Vous connaissez ceux qui font la gazette et le journal; les vieilles pécheresses écrivent des romans canoniques; nous, (c'est-à-dire moi et lui; moi, ex-Jésuite, et lui, ex-Dominicain), écrivons l'histoire et faisons des histoires. Vous en avez déjà lu beaucoup de notre façon, sans nous en croire les auteurs : vous lirez celle-ci, sachant bien que c'est notre ouvrage : vous voilà prévenus. D'ailleurs, vous connaîtrez aisément à l'amour de Dieu qui s'y fait jour de partout, que lui et moi, nous deux enfin seuls, pouvons l'avoir écrite.

Cette histoire est véritable; elle est extraite d'un vieux manuscrit trouvé dans un antique monastère situé près de la ville de Lansac, en Languedoc, patrie de nos héros. Son authenticité est prouvée par les biens immenses dont ce couvent était en possession depuis la première croisade, et dont la piété de nos héros l'avait doté, comme vous verrez.

Cette histoire vous enseignera la manière de faire votre salut, d'éviter les embûches du *malin*, de vous délivrer du péché, et comment il faut se conduire avec les hérétiques et les infidèles. Vous verrez avec quelle profusion l'Église répand ses trésors sur les peuples croyans et dévoués; comment Dieu récompense et punit, et par quelles voies merveilleuses l'Église établissait sa domination, c'est-à-dire celle du Christ, sur toute la terre, et fermait les portes de l'enfer, en conséquence de ces paroles, *les portes de l'enfer ne prévaudront point.*

Pour vous mettre à même de recueillir tout le fruit possible de la lecture de cette benoîte histoire, il faut d'abord poser les grands principes :

1°. Dieu est le maître du ciel et de la terre.

2°. Il créa l'homme pour en être servi et adoré ; et il a dit comment il veut l'être.

3°. L'Église est établie par Dieu même.

De ces trois grandes vérités découlent les trois grandes conséquences suivantes :

1°. L'Église, ayant la mission d'expliquer et d'interpréter la parole de Dieu, est aux droits de Dieu sur la terre, puisqu'elle dit qu'il l'a dit.

2°. Ceux qui ne servent pas Dieu

comme il veut l'être, c'est-à-dire comme l'Église déclare qu'il le veut, par exemple, ceux qui portent leurs offrandes à Samarie et non à Jérusalem, et ceux qui ne portent point d'offrandes du tout, sont hérétiques ou philosophes, c'est-à-dire *rebelles*.

3°. Etre mis hors de l'Eglise, c'est-à-dire être excommunié; en d'autres mots, être déclaré rebelle, c'est être *hors la loi divine et humaine*.

Ces vérités, ces principes et leurs conséquences, concourent tous à prouver la plus importante des vérités, devant laquelle toutes les autres pâlissent, savoir :

Que Dieu étant le maître des peuples et des rois, l'Église est maîtresse des uns et des autres.

L'État est dans l'Église, et non l'Église dans l'État; car il serait absurde de prétendre que Dieu est soumis aux hommes; elle a donc le droit de détrôner les rois et de châtier les peuples qui transgressent ses commandemens.

Et, en dernier résultat :

Le ciel et la terre étant à Dieu, qui est représenté par l'Église, laquelle est représentée par les prêtres, *le ciel et la terre appartiennent donc aux prêtres.* Les hommes sont usufruitiers de la terre ; l'Église est propriétaire : c'est dans l'ordre des choses. Dieu est immortel, l'Église est éternelle ; les hommes meurent.

Les philosophes jeteront de hauts cris ; cependant, ces conséquences sont tellement justes, qu'il est impossible d'en tirer d'autres des grands principes posés ci-dessus, et dont l'orthodoxie ne peut être contestée.

Je n'entrerai pas maintenant dans la discussion de ces vérités éternelles ; je les prouverai, en racontant l'histoire de mes héros par les passages textuels des livres sacrés et les argumens de la théologie. Mais pour donner une idée de la faiblesse des raisons de nos adversaires, je vais exposer leur principale objection contre le droit de propriété et de suprématie temporelle de l'Église.

Le Sauveur, allèguent-ils sans cesse, a dit : *Mon royaume n'est pas de ce monde.*

Je réponds : Qu'importe! ou vous êtes hérétiques, ou vous devez convenir que l'Église a le droit d'expliquer les paroles du Sauveur, et ces paroles ont le sens qu'elle y découvre. Si vous êtes hérétiques, la discussion est finie; vous êtes hors de l'Église, excommuniés, damnés, et notre réponse est péremptoire. Vous savez comment nous vous répondons, quand nous le pouvons.

Si vous n'êtes pas hérétiques, il est aisé de vous prouver par les canons, les bulles, les décrétales, et par les traditions historiques et théologiques, que l'Eglise a décidé que le royaume de Dieu, c'est-à-dire le sien, est de ce monde; donc, Dieu l'a dit ainsi, en paraissant dire tout le contraire.

Il est des points contestés relativement à la doctrine des premiers temps; mais il est un fait à l'abri de toute controverse: c'est la prétention de l'Église et des prêtres à décider de tout, à gouverner partout, à s'emparer de tout. Voilà, j'ose le dire, la véritable *perpétuité de la foi* (1); le ministre Claude en aurait convenu. Tant de rois excommuniés, rasés, cloîtrés, dépossédés, occis; tant de villes saccagées, d'hérétiques massacrés, de royaumes mis en proie, certifient, de reste, la doctrine constante de notre sainte-mère Église. Sans vous rapporter des exemples pris hors de la

---

(1) Bossuet s'efforça de prouver que l'Eglise n'a jamais *varié*. *Claude* était son antagoniste, et lui est bien supérieur comme dialecticien.

France, ni remonter aux premiers temps de notre histoire, il suffira de vous citer Henri IV, dont vous parlez si souvent, fustigé sur les épaules de ses ambassadeurs; et les derniers états-généraux de l'ancienne France (1), dans lesquels la doctrine du temporel fut victorieusement soutenue par le clergé. Or, cette doctrine, remontant ainsi jusques aux apôtres, instruits par leur divin maître, est une preuve sans réplique; en outre de notre droit d'interpréter en tout temps les paroles de Jésus, que Jésus ne disait pas ce qu'il semblait dire.

Enfin, le bon sens et la raison sont encore pour nous. Quoi! faibles raisonneurs, vous voudriez que Jésus eût entendu dire : la terre n'est pas à moi! Et à qui donc est-elle, je vous prie? Mon

---

(1) Sous Louis XIII, le clergé y professa les doctrines les plus ultramontaines.

Note de l'Éditeur.

royaume n'est pas de ce monde, signifiait, ne vous y méprenez pas, mon royaume, c'est-à-dire mon pays, n'est pas ce monde, ou dans ce monde; en d'autres termes: Je ne suis pas homme, comme je le parais être : mon royaume est l'autre monde, c'est-à-dire, est au ciel, où est le ciel; en d'autres termes : *Je suis Dieu*; il était Dieu : vous en convenez; et par cela seul vous convenez du reste. La terre est à lui; il ne pouvait pas dire le contraire sans mentir : Dieu ne peut mentir; donc il ne l'a pas dit: eût-il menti, la terre n'en serait pas moins à Dieu; donc la terre est à l'Église; donc elle est aux prêtres, et par conséquent à nous, c'est-à-dire à moi, ex-jésuite, et à lui, ex-dominicain.

Ce point établi, l'on voit que l'Église a le droit de gouverner la terre, d'ouvrir et de fermer les portes du Ciel; et cette histoire démontrera combien il serait heureux pour les hommes qu'elle fût en possession de tous ses droits. En exécutant ses commandemens, tous les hommes iraient au ciel, comme ils y allaient dans le bon vieux temps.

O jours de triomphe et de gloire! quand reviendrez-vous restituer aux disciples du Christ les clefs du Ciel et de la terre, et le glaive à deux tranchans que l'hérésie et la philosophie nous ont enlevés? Quand reviendrez-vous foudroyer les impies qui ont escaladé l'autel?

Ce sont les mœurs, la foi, les merveilles de cette heureuse époque que nous nous proposons de vous faire connaître et aimer, en vous racontant l'histoire de la famille de Lansac.

Puissent nos gazettes, nos romans, nos histoires, faire ce que n'ont pas fait nos sermons! Puissiez-vous, nos très-chers frères, puissiez-vous brûler vos livres et vous laisser brûler vous-mêmes, s'il le faut, pour votre félicité dans ce monde et dans l'autre; ou tout au moins puissiez-vous rentrer au bercail avec des cœurs simples et croyans, et surtout les mains pleines : c'est la loi et les prophètes. *In nomine, etc., etc. Amen.*

LE MOINE

ET

LE PHILOSOPHE.

LE PÉLERINAGE.

CHAPITRE PREMIER.

Situation de l'Europe. — Les premiers Croisés.

L'EMPEREUR Frédéric régnait en Allemagne. Alexis Comnène disputait aux successeurs des califes les débris de l'empire d'Orient. Philippe Ier, prince faible et voluptueux, portait le titre de Roi de France; et le maître du Monde, le vicaire de Dieu, ou en des termes équivalens, le serviteur de ses serviteurs, le *grand Urbain* dictait à l'univers les ordres de l'Eternel.

Les enfans de Mahomet, sortis de l'Arabie, avaient porté leurs armes et leur impiété dans les trois parties du monde. L'Asie et l'Afrique avaient subi leur joug. L'Europe avait vu le moment où la croix allait tomber devant les soldats de l'erreur. L'Espagne était conquise, la France avait été au moment de l'être. L'empire de Constantin s'écroulait comme un vieil édifice longtemps battu par les orages. Le Croissant s'avançait de ruines en ruines vers les remparts de la seconde Rome, et préparait ce vol impie qui devait l'élever un jour sur les tours de *Sainte-Sophie*, à la place même de la croix renversée, du sommet de la métropole impériale, dans la fange de ses rues.

Déjà, funeste présage de ces jours de honte, Jérusalem, patrie des prophètes, cité sainte où Dieu, prenant un corps humain, souffrit la mort la plus ignominieuse pour nous donner la vie éternelle. Jérusalem, théâtre de tant de merveilles, où Dieu répandit d'une main si prodigue des faveurs refusées au reste du monde. Jérusalem, qui ne sut se défendre qu'une fois, et dont jamais la victoire ne couronna les efforts, gémissait dans un honteux esclavage, et voyait les infidèles insulter aux chrétiens, à Dieu même, sur le tombeau profané de son fils. L'accès au Saint-Sépulcre était presque interdit à la piété et aux larmes. Les pélerins étaient repoussés des remparts de Sion, et ceux qui, bravant tous les dangers, entraient dans ses murs sacrés, y vivaient comme leur divin maître y mourut, dans l'opprobre et les tourmens. Les chrétiens, exclus de Jérusalem ou souffrant dans son enceinte désolée, gémissaient et priaient. Le ciel entendit leurs cris.

En ce temps-là, vivait un saint homme

nommé *Pierre*, ermite et picard, pélerin et inventeur du chapelet; du chapelet! arme toujours victorieuse du péché et de l'enfer; confortation des jeunes servantes du Christ et consolation des vieilles dévotes; du chapelet, à la fois arsenal de la théologie et magasin de la grâce.

Le pélerin mouillait de ses larmes les pierres du Saint-Sépulcre. Tout-à-coup, le Christ lui-même parut à ses yeux. « Tes pleurs, lui dit-il, n'ont pas vainement coulé ; tes gémissemens sont montés jusqu'à moi; les jours de la délivrance s'approchent. Je t'ai choisi. Quitte les murs de l'antique Sion, rends-toi dans ceux de la Sion nouvelle; mon vicaire te donnera mes ordres, il te dira de parcourir l'Europe, et d'appeler les maîtres et les esclaves sous les étendarts de l'Église. Rois, peuples fidèles, levez-vous; prenez les armes et marchez! Jérusalem sera délivrée; Mahomet tombera devant vous, et les portes du ciel, comme celles de la cité sainte, s'ouvriront pour vous recevoir. »

Ainsi dit le fils de Dieu. L'ermite tourna ses pas vers la ville de St.-Pierre.

Il commença dans Rome même à publier les volontés de l'Éternel et du Pape. Il parcourut ensuite l'Italie, l'Allemagne et la France. A sa vue, les peuples et les Rois sortirent comme d'un sommeil léthargique, et les cris de vengeance s'élevèrent tout-à-coup des cités et des campagnes, des palais et des chaumières.

Les grands de l'Église et de la terre se réunirent sous le trône pontifical dans les champs de Plaisance ; la sainte expédition y fut résolue; la délivrance de Jérusalem y fut jurée. Vains sermens! le matin écrits sur le sable, les vents du soir les dissipèrent. Dieu réservait la gloire de former l'avant-garde chrétienne à la France, cette patrie des braves, cette noble terre toujours prête à s'armer à la voix de l'honneur et du ciel. Le Pape accourut dans un pays où les sermens de vaincre sont le gage de la victoire; et dans le concile de Clermont en Auvergne, au milieu des prêtres et des princes, il annonça la guerre sacrée. Les princes tombèrent à ses genoux, et se relevèrent avec la croix rouge sur l'épaule; croix sanglante, signe des combats, symbole de la foi, but de leurs travaux et récompense de leurs vertus. Le Pape les bénit, et de la même main repoussa le Roi de France, l'adultère Philippe, rebelle à l'Église et à Dieu, l'excommunia, et le maudit. Pouvait-il, d'une manière plus éclatante, prendre possession du sceptre temporel! Il marquait les grands de la terre du signe de vasselage, frappait des foudres sacrées le plus noble des Rois, et mettait hors de l'Église tous ceux qui oseraient le reconnaître pour leur souverain.

Le roi de France, terrassé par cette main divine, fut contraint de remettre à son fils le sceptre du royaume; et les princes, agenouillés aux pieds du Saint-Père, en se relevant pleins d'un noble courage, s'écrièrent : *Diex el volt!* (Dieu le veut!) et coururent aux armes.

Tous les royaumes infidèles furent donnés au premier occupant, à la charge d'en faire hommage au saint-siége.

Indulgence plénière et pardon général de tous les péchés.

Et pour paie militaire, le droit de prendre partout tout ce qui serait nécessaire au succès de la guerre sainte.

Ainsi, des royaumes en cette vie, le Paradis à la mort; en deux mots, *le pillage et la gloire!* La noblesse pouvait-elle ne pas reconnaître la voix du ciel même, dans l'ordre du départ et des combats?

Les ministres des autels se croisèrent

comme leurs ouailles. Ils devaient planter la croix sur les remparts des cités conquises, et présider aux conseils des guerriers, c'est-à-dire gouverner l'armée et les pays soumis.

Dieu le veut! ce cri vola de montagne en montagne, de royaume en royaume; et toute l'Europe, comme la France, s'écria : *Dieu le veut!*

Les nations étaient véritablement chrétiennes; personne alors ne doutait du pouvoir de l'Église. Les incestueux, adultères, voleurs, assassins, parjures, faux témoins, et la foule, toujours si nombreuse, de ceux qui avaient des dettes et n'avaient nulle envie de les payer, se rangèrent sous sa bannière. Tous les scélérats se croisèrent. Que dis-je? scélérats, ils cessèrent de l'être; la croix rouge, dont leur épaule gauche était couverte, attestait que le sang du rédempteur avait coulé pour expier leurs crimes.

A cette époque, les nations étaient dans l'attente prochaine du dernier jour (1). Les planètes devaient se détacher de leurs orbites et rouler dans l'espace; le soleil s'éteindre, et les trompettes de l'Apocalypse appeler les vivans et les morts aux champs de Josaphat. Dans ce pressant danger, les hommes se précipitèrent sous les bannières de l'Église, afin que le juge suprême les trouvât en état de grâce, et que la trompette céleste, au lieu de sonner pour eux les tourmens de l'enfer, leur fût le signal de la vie éternelle, récompense des justes.

Dieu le veut! les moines sortirent de leurs couvens; les ouvriers quittèrent leurs ateliers; les laboureurs abandonnèrent la charrue; les enfans désertèrent

---

(1) Les indulgences, la crainte de la fin du monde et le pillage, furent les véritables causes des croisades.

la maison paternelle; les femmes délaissèrent leurs époux et n'en reconnurent plus d'autre que le fils de Dieu : tous se rangèrent à côté de l'ermite *Pierre*, ou, plus impatiens encore de s'ouvrir les portes du ciel, se précipitèrent sans délai vers les mers de l'Orient.

Les routes furent couvertes de croisés, n'emportant avec eux que leurs armes et une foi vive et sincère. Ils partaient, dépourvus de tout, mais assurés de ne manquer de rien; il faut aux armées profanes d'immenses magasins de vivres et d'habits; la Providence s'occupe d'elles comme de toute la nature, sans les dispenser de veiller à leur conservation. Pour le seul peuple de Dieu, la Providence a les soins d'une mère tendre : la manne tombe sur le camp de Moïse; les cailles viennent en relever le goût; les vêtemens d'Israël, au lieu de s'user, s'alongent, croissent avec lui : tel qui sortit d'Égypte enfant avec une petite veste à l'anglaise, des souliers en pantoufles, et un petit chapeau d'usurier, se voit, au bout de quarante ans, sans avoir changé de veste, de souliers ni de chapeau, par exemple, s'il a pris parti dans la cavalerie hébraïque, des bottes à la russe, un énorme chapeau bolivar, et un manteau de gendarme, qui le couvre lui et son âne (1). Laissant donc les soins vulgaires aux guerriers profanes, que les armées sacrées, sans magasins, sans préparatifs et sans inquiétudes, marchent dans leur force et dans leur foi! Si le doux Jésus nourrit avec cinq pains cinq mille hommes qui n'allaient pas combattre pour lui, laissera-t-il souffrir de la faim, dans des lieux cultivés, tant d'hommes couverts de fer, vigoureux, entreprenans, et décidés à vaincre? Non, non; Dieu sèmera

---

(1) Historique. *Voyez la Bible.*

devant leurs pas; la terre enfantera les moissons: ils n'auront qu'à recueillir.

Ainsi partit la populace chrétienne, dans le plus grand dénûment; mais il fallait aux nobles des chevaux, des armures, pour eux, pour leurs écuyers, pour leurs hommes d'armes. L'Église donnait le droit de prendre pendant le voyage, mais il fallait acheter ce qui était nécessaire pour se mettre en route. Les nobles engagèrent leurs domaines ; les évêques, les abbés, leur donnèrent, en échange de ces biens, inutiles au salut, tout ce qui pouvait les mettre à même d'aller combattre et mourir saintement, peu d'or, l'or était rare, mais beaucoup de bénédictions.

L'ermite se vit à la tête d'une foule innombrable, chantant les psaumes où le roi-prophète ordonne de massacrer les enfans d'Israël, d'écraser sur la pierre la tête des enfans à la mamelle, et brûlant du désir de prouver sa foi par ses œuvres.

Trois cent mille croisés, conduits par des chefs différens, s'avancèrent vers Jérusalem. Une de ces armées, en traversant l'Italie, ramena le Pape dans la ville sainte, et le rétablit sur le trône de saint Pierre. L'Eglise recueillit ainsi, dès le premier moment, une partie du fruit de ses travaux.

Cent mille hommes suivirent l'ermite : ce guerrier missionnaire, supérieur par le nombre de ses troupes aux plus grands potentats, était plus remarquable encore par sa dévotion et son humilité que par sa puissance. O miracle d'abaissement et de gloire ! il marchait à la tête de son armée, en sandales, les reins ceints d'une corde, le chapelet à la main, et donnant le pas à une chèvre, comme pour dire aux peuples que Dieu se sert des plus faibles créatures.

L'Éternel donna bientôt à ses fidèles

d'éclatantes preuves de son amour ; ils voulaient, en délivrant le tombeau du Sauveur, obtenir la vie éternelle : le Sauveur leur accorda le prix avant d'avoir reçu le service ; il leur envoya mille fléaux ; les champs de Hongrie se couvrirent de leurs cadavres ; la plupart de ces bienheureux croisés furent envoyés au ciel par le moyen du glaive, du feu, du poison, des maladies de toute espèce. Ceux qui survécurent châtièrent l'insolence des faux sectateurs du Christ, qui, loin de concourir au succès de la sainte croisade, cachaient leurs récoltes et leurs bestiaux ; ils furent poursuivis, forcés dans leurs retraites, dépouillés et massacrés (*a*).

(*a*) L'histoire a conservé le souvenir de la punition d'une ville impie. Elle osa fermer ses portes à l'armée ecclésiastique. En vain ses habitans furent-ils aidés par la rage, le désespoir et Satan, ils ne purent résister à cent mille guerriers armés pour la bonne cause. Ses défenseurs

Ainsi, partout où les peuples osèrent résister, ils furent exterminés, ou il exterminèrent; et de cent mille soldats partis avec l'ermite, à peine vingt mille arrivèrent-ils sur les bords du Bosphore.

Les Grecs les accueillirent d'abord en frères. Mais bientôt les perfides, méditant la trahison, se plaignirent des croisés. Ces guerriers catholiques, disaient-ils, pillent, brûlent les maisons, les champs, les palais, les chaumières. Ils dévastent même les églises. On connaît l'astuce des Grecs; cependant, en principe, je croirais à ces pillages, même à la dévastation des églises; car ces exé-

furent tous massacrés, et avec eux les femmes, les enfans, les vieillards; d'après les lois divines et les exemples de Moïse, de Josué et du peuple chéri.

(Les Notes marquées *a*, *b*, *etc.* sont du Jésuite ou du Dominicain.)

cutions auraient été selon la loi : tout Romain a les schismatiques et leurs temples en horreur. N'y chante-t-on pas en langue vulgaire ; n'y communie-t-on pas sous les deux espèces, et surtout, n'y repousse-t-on pas l'autorité du Pape? Ces palais, ces chaumières, ces temples, devaient donc être détruits; mais, ne pouvant les détruire, ne pouvant exterminer les Grecs, sans un danger imminent, la prudence exigeait de différer l'attaque, le pillage et l'extermination jusques au moment où l'on serait devenu les plus forts.

L'empereur, abusé par les cris des perfides, fit transporter en Asie la milice catholique ; là, sur des rives fertiles, elle se remit de ses fatigues, et bientôt, renforcée par de nouveaux croisés, elle se précipita sur les états de Soliman, Soudan de *Nicée*.

Ministres des vengeances du Seigneur;

les soldats orthodoxes, ravagèrent, brûlèrent, exterminèrent, sans miséricorde. Leur rage était égale à leur dévotion. Elle fit périr les Turcs sans distinction d'âge ni de sexe ; elle inventa des supplices pour les punir longuement de leur idolâtrie. Ils furent enfin moissonnés eux-mêmes. Les Sarrazins les traitèrent comme ils en étaient traités ; ils les égorgèrent sans pitié, massacrant les malades, les soldats désarmés, les vieilles femmes et les moines...... Et les moines, ô sacrilège !

Les infidèles et les hérétiques invoquèrent le droit de représailles ; si je les tenais dans les cachots de la sainte inquisition, je les forcerais d'avouer qu'un massacre ordonné par l'Église est une œuvre pie, tandis qu'une simple irrévérence envers un moine est un crime abominable. Manquer aux prêtres, c'est manquer à Dieu. On offense le prince dans son ambassadeur, c'est incontestable.

A peine trois mille Croisés échappèrent au fer de Soliman. Ils retournèrent à Constantinople ; on les y désarma sous prétexte de mettre un terme à leur brigandage. Dieu permet quelquefois l'humiliation de son épouse.

D'autres armées marchèrent sur les pas de l'armée de l'ermite, sous le commandement du saint prêtre Godescald, d'Emicon et quelques autres, au nombre de plus de deux cent mille combattans, et périrent de la même manière sous le fer des Hongrois et de Soliman.

Tant de désastres ne décourageaient point les chrétiens; ils brûlaient, au contraire, du désir de venger ceux dont la mort avait arrêté les triomphes. Ils se rassemblaient dans cent lieux à la fois sous les ordres des princes et des grands.

Le comte de Vermandois, le duc de Normandie, l'illustre Godefroy, et le sage Raymond, comte de Toulouse, se préparaient à de plus heureux combats.

CHAPITRE II.

La famille de Lansac.

Dieu le veut ! Ce cri continuait à retentir dans toute l'Europe. Les échos seuls de *Lansac* ne l'avaient point redit. Les habitans de cette ville, imitateurs fidèles de leur maître, gardaient un silence honteux. Raymond, souverain de l'Occitanie, invitait les grands de ses états à se croiser avec lui ; tous se croisaient ; et le comte de Lansac dédaignait et la voix de son seigneur et ses nobles exemples.

Le château de Lansac était situé dans la partie du comté de Saint-Gilles près Toulouse, où plus tard les Albigeois levèrent une tête menaçante ; les foudres de l'Église les frappèrent ; le fer des catholiques les extermina ; mais avant cette heureuse époque d'extirpation, il y avait dans ce pays une certaine résistance aux ordres du doux Jésus, entretenue par l'exemple de certains seigneurs, jaloux du pouvoir de son épouse, notre sainte mère église, et surtout par l'exemple du comte de Lansac.

Ce seigneur commandait à de riches vassaux, à des serfs nombreux; ils l'adoraient. Au lieu de les gouverner en tyran capricieux, il les gouvernait en père. Quand il leur infligeait une punition c'était, non pour user du droit de punir, mais pour s'acquitter d'un devoir dont l'accomplissement intéressait le bien-être de ses sujets. Il avait voyagé dans toute l'Europe, pour connaître les mœurs des peuples. Il était revenu dans son château avec une épouse choisie, non parmi les plus nobles, mais parmi les plus aimables. Il avait toujours bravé l'opinion quand le parti qu'elle blâmait lui paraissait le plus sage ou le plus utile;

aussi, quoique noble, il savait lire, il était même soupçonné de savoir écrire, et ne s'en défendait pas. On l'accusait de lire de mauvais livres, par exemple, les ouvrages de Cicéron et de Lucrèce, c'était un philosophe.

Vous devez penser quelle instruction il donnait à sa famille. Il avait deux enfans, Florestan et Laurète. Florestan était le plus beau des hommes, le meilleur des fils, le plus tendre des amans. Il savait lire et écrire, il faisait des vers, jouait de la lyre, et croyait que le Ciel avait mis les serfs et les vilains au-dessous de lui pour qu'il les protégeât. Il voyait dans sa noblesse une magistrature et des devoirs rigoureux. Vaillant et sensible, Quinte-Curce et Virgile étaient ses auteurs favoris. On en aurait pu faire un chanoine ou un évêque, mais il était tolérant, examinait toutes les opinions, et ne maudissait personne. Encore un scélérat de philosophe! Cependant il rendit de grands services à l'Église ; l'amour opéra sa conversion.

A l'époque de la Croisade, Florestan avait vingt ans, Laurette en avait quinze. Laurète tenait de la nature tous les charmes qui plaisent, toutes les vertus qui font aimer. A la régularité des traits, elle joignait la beauté des formes, l'élégance à la simplicité, et l'on voyait qu'un jour, quand la nature aurait en elle développé tous ses trésors, et qu'une pensée plus profonde, occupant son âme, répandrait sur son visage cette expression de mélancolie, sans laquelle on ne plaît qu'aux yeux, et qui seule donne des chaînes à l'amour ou du sentiment au désir, elle aurait autant de majesté que de grâce ; et que la puissance de ses charmes serait encore plus dans leur action sur le cœur que dans la perfection de leur beauté. Adorée de tous ses entours, chérissant sa famille et ses vassaux, se trouvant toujours des larmes auprès des malheureux, et ne mettant à ses bienfaits de bornes que son pouvoir, elle était d'une extrême facilité de caractère. Elle voulait ce qu'on voulait pour elle. Ne concevant point la tromperie, elle ne craignait jamais d'être trompée. Bienveillante pour tous, elle voyait partout de la bienveillance pour elle. C'était la femme de la nature, mais de la bonne nature. Elle eût, comme Eve, ceuilli la pomme fatale, non pour déplaire à Dieu, mais pour faire plaisir au serpent; mais certes, elle n'eût pas incité son amant à faillir.

Elle savait lire et lisait peu. Les livres étaient rares. Le français était alors un jargon détestable et méprisé; d'ailleurs les habitans du midi l'ignoraient entièrement. La langue romane ou langue d'*Oc*, leur langue maternelle, était, comme elle l'est encore, pittoresque, abondante et mélodieuse, mais jamais elle ne produisit aucun ouvrage digne de mémoire, dans un pays où, grâce à un idiôme rempli de voyelles, et à une imagination vive et mobile, tout le monde est, sinon poëte, au moins versificateur. Quelques vers amoureux et fades étaient trop peu remarquables pour créer une littérature. Les troubadours furent, peut-être, des hommes aimables, mais en général ils manquèrent de goût et d'instruction, et surtout de noblesse dans le caractère et d'élévation dans la pensée. Quand on n'a ni l'un ni l'autre, on n'a qu'un talent faux, et l'on n'influence ni son siècle, ni l'avenir..

Laurète ne lisait donc pas faute de livres, et surtout à cause de ses continuelles occupations. Une femme trouve toujours dans sa famille l'emploi de son temps. Elle ne savait pas écrire : le comte ne pensait point que la science de l'écriture fût utile au bonheur des femmes; elles doivent, disait-il, être à même de connaître les livres et hors d'état d'en faire; ma fille n'ecrira ni billets doux, ni romans; une femme ne peut occuper sa plume qu'à l'un ou à l'autre, ou à tous les deux. Elle n'écrivit point de roman, mais sa vie en fut un, et le zèle de la maison du Seigneur, dont nous sommes dévorés, nous force à écrire nous-mêmes ses merveilleuses aventures. Il était dit que la famille du comte, et le comte, feraient précisément tout le contraire de leur volonté. La Providence se plaît à contrarier les vues orgueilleuses des philosophes. Laurète sortit, malgré son père, de l'obscurité; et les noms du comte et de ses enfans sont, par nous, écrits dans les fastes de la théologie, de cette science qu'il méprisait.

Quant à la comtesse, son mérite était dans son amour; elle avait les qualités comme les défauts de son époux, mais par imitation.

On n'est plus surpris de la tranquillité

de cette famille et de ses serviteurs au milieu du mouvement général. Le comte désapprouvait la croisade. Les faveurs du ciel eussent été inconnues dans cette riche contrée, sans l'amour et les moines.

Non loin du château de Lansac, s'élevait celui d'un baron, la terreur de ses vassaux, ignorant et barbare. Ses volontés étaient sa loi; ses caprices sa justice; mais s'il était impérieux et féroce, il avait la foi; il fut le défenseur le plus ardent de l'Église : aussi exigea-t-elle qu'il restât dans ses terres pour la secourir contre les hérétiques.

Le baron était père d'une fille de l'âge à peu près de Laurète; d'un caractère plus impétueux, d'une physionomie plus prononcée et plus mâle; son imagination voyait tout dans les extrêmes; elle aimait Florestan avec ardeur : cet amour, sa première pensée, loin de se démentir jamais, avait acquis de jour en jour une force nouvelle. *Gabrielle* devenait meilleure en aimant davantage. La société de la famille de Lansac adoucissait ce caractère altier, et fixait cette imagination impétueuse et mobile.

Entre les châteaux du baron et du comte, un saint homme avait jadis établi sa demeure. De son vivant, il avait guéri les malades par l'application des simples. Après sa mort, ses successeurs les guérissaient par l'attouchement de ses reliques. Il était mort en odeur de sainteté. Les miracles du saint portèrent d'autres ermites à bâtir leurs cellules contre la sienne; ils embrassèrent enfin une règle austère, firent des vœux, et l'ermitage devint couvent. Le monastère était étroit et mal construit; les *Pères* voulaient le réédifier : le comte s'y opposa. Je permis, dit-il, à un ermite de s'établir dans une grotte, et non de construire une maison; je ne permis jamais aux nouveaux venus d'adosser de nouvelles maisons contre la première, encore moins de bâtir un monastère. Long-temps le comte eut raison; mais enfin, par un heureux hasard, on découvrit une donation du terrain occupé par l'ermite, faite par les ermites qui l'avaient occupé jadis. Le couvent fut donc édifié malgré le comte; mais il retint une superbe prairie traversée par une rivière aux bords de laquelle on voulait construire le nouvel édifice; il refusa d'abandonner à l'abbé la seigneurie d'une partie des terres du comté, dont la cession avait été faite aux Pères, par un ancien roi d'Arragon, comte de Lansac. L'abbé rapportait copie de l'acte, l'original manquait. La contestation était soumise à la décision du comte de Toulouse, et le procès, quitté et repris mille fois, allait être jugé pour la centième, quand on prêcha la croisade. Le comte injuriait les moines, les traitait de faussaires et de voleurs; les moines répondaient à ses injures devant les hommes, par des actes écrits, et devant Dieu, par des prières. Ils priaient en ſaveur de leur implacable ennemi, *comme tout dévot moine en use le matin..... et le soir.*

Ne pouvant lui faire abjurer l'hérésie, ils résolurent de l'envoyer en Palestine. Si le comte se croisait et mourait pendant la croisade, il était sauvé malgré ses opinions philosophiques. De cette manière on le forçait d'entrer au ciel, comme il est prescrit aux bonnes âmes d'en agir envers les païens : *compelle eos intrare.* Les bons moines rendaient ainsi le bien pour le mal.

Leurs prières trouvèrent grâce en ſaveur du mécréant. La volonté du ciel s'expliqua bientôt par des signes non équivoques.

CHAPITRE III.

Miracles. — Florestan et Gabrielle.

L'AUTEUR véridique, le Saint-Chroniqueur, et les manuscrits authentiques qui nous guident dans notre travail, attestent et prouvent, par des procès-verbaux et des complaintes, les miracles inouis dont les terres du philosophe furent le théâtre; les monumens dont les débris existent encore, et la tradition conservée à Lansac parmi les croyans et les fidèles, achèvent de mettre ces miracles hors de doute.

Les étoiles tombèrent du ciel; la lune ensanglantée éclaira de sa lumière effroyable les morts qui, sortant des tombeaux, erraient autour de l'église, en poussant des cris lamentables. Les saints des chapelles y répondirent par des gémissemens, et le Christ du village par des larmes véritables.

Le bruit de ces merveilles se répandit dans toute l'Occitanie; les princes de l'Église ordonnèrent des prières; on exposa les châsses des bienheureux; les fidèles accoururent à Lansac en criant: Il faut apaiser le ciel! Le baron et la belle Gabrielle ne furent pas des derniers. Le père offrit aux moines son bras pour servir la bonne cause, et la fille alla se prosterner aux pieds des autels.

Comme elle priait, une voix sortit du sanctuaire: *C'est à toi*, s'écria-t-elle, *c'est à toi de désarmer le courroux céleste.* Au rapide éclat d'une flamme blanche et légère, elle vit la sainte Vierge, l'enfant Jésus dans ses bras, s'avancer et lui sourire; la flamme disparut; Gabrielle resta seule dans l'horreur des ténèbres; ses forces l'avaient abandonnée. Un spectre la saisit et la déposa mourante hors de l'église dont les portes se refermèrent tout-à-coup avec un bruit épouvantable. Gabrielle reprit enfin, sans oser regarder derrière elle, la route de son château; la pâleur sur le front, la terreur dans l'âme, et cherchant vainement à découvrir ce que Dieu lui demandait.

Tant de miracles ne faisant ouvrir les yeux ni au comte ni à Florestan, la grêle détruisit les récoltes; les rivières débordèrent; les démons s'emparèrent des dévotes; les vieilles femmes, remarque le Chroniqueur, furent toutes possédées; elles remplissaient de cris et d'imprécations les rues de Lansac, les avenues du château, les portiques de l'église. Les moines sortirent en procession de leur sainte demeure, en demandant à Dieu de fermer les cataractes du ciel, de chasser le malin du corps des vieilles femmes et de faire connaître ses volontés. Dix milles fidèles, accourus de cent villages différens, marchaient pieds nus à la suite des moines. Gabrielle et Laurète, anges d'innocence et de beauté, portaient les bannières de Marie, et l'on aurait pu croire en voyant les images de la mère de Dieu, et les deux chrétiennes qui les exposaient aux yeux des fidèles, que la bonne Vierge, mécontente de l'œuvre du peintre inhabile, était descendue du ciel sous les traits de deux mortelles, pour opposer à l'infidélité de la toile des images vivantes de ses charmes et de sa vertu. Le comte et le baron soutenaient le dais sous lequel le prêtre portait dévotement le corps du Seigneur Jésus. Devant eux marchaient les démoniaques. La procession se rendit à l'église; on exorcisa les malades, et l'on prescrivit aux démons l'ordre de quitter le pays. Les uns obéirent, les autres déclarèrent qu'ils ne se retireraient qu'après le départ du comte et de son fils pour la Terre-Sainte.

A peine le diable avait-il déclaré ses intentions que les tombes s'ouvrirent, un spectre en sortit et s'écria : « Indigne » successeur de tes braves aïeux, Dieu » t'appelle, et tu lui résistes.... pars... ou » meurs... la foudre gronde sur ta tête... » Il dit, et disparut. Les assistans frémirent, Florestan s'élança vers les tombes, Gabrielle épouvantée l'arrêta, et quand il se fut dégagé de ses bras, il trouva la pierre sépulcrale baissée, et sur cette pierre, les saints moines groupés autour de leur abbé, récitant des prières pour les morts. En même temps, une voix s'éleva du milieu des fidèles : *Dieu le veut!* s'écria-t-elle, *Dieu le veut!* Ce cri sortit bientôt de toutes les bouches. Serfs, vilains, possédés, moines, bedeaux et marguilliers entourèrent le comte et son fils en criant : *Dieu le veut!* partez pour la croisade, *Dieu le veut!*

Ce peuple, indigné, les chassa de l'église; les plus zélés commençaient même à s'armer de pierres; mais le baron irrité de voir des serfs maltraiter leur seigneur, sortit sa longue épée et la passa tout au travers du corps d'une demi-douzaine de révoltés. Les moines accoururent également au secours du comte: calmez-vous, disaient-ils, il partira; la longue épée du baron les avait déjà calmés. « Seigneur, dit le baron au comte, » vous passez pour un hérétique, et vous » voyez ce qui vous en arrive. Puisqu'il » se fait des miracles chez vous, obéissez » aux ordres du ciel; partez, il le faut; » il ne s'en fera pas dans ma baronnie, » corbleu! »

Il dit, et reprit le chemin du château. La procession retournait au couvent, les moines s'arrêtèrent et l'encensèrent, les serfs se mirent à genoux, et le baron traversa la foule en la faisant ranger à coups de bâton.

Il était brutal, mais il était orthodoxe. Ses paroles nous semblent admirables; cependant le *corbleu!* nous embarrasse; nos manuscrits n'en donnent aucune explication (1).

Les miracles, les murmures des fidèles, les imprécations des dévots, les conseils du baron, l'exemple de la noblesse, rien ne décidait le comte à se croiser. Florestan, couvert de ses armes, veillait à l'heure où les spectres avaient coutume d'apparaître. Un soir, en courant après un fantôme, il heurta contre une femme étendue sur le gazon, et reconnut Gabrielle, que la rencontre du spectre avait fait tomber d'effroi. Florestan oublia de le poursuivre, et rendit la vie à Gabrielle par un doux baiser; c'est la manière des amans. Nous écrivons l'histoire et sommes forcés de

(1) On la trouvera dans la troisième partie de cette histoire.

dire souvent ce que nous nous garderions bien de faire. Elle ouvrit ses beaux yeux où la terreur était peinte encore, mais la voix de Florestan ayant rassuré son âme, il n'y eut plus dans ses yeux que les feux de la vie et la flamme de l'amour.

Quel réveil! lui dit-elle, je renais dans tes bras; pour toi je reçus le jour, pour toi je le retrouve encore! Qu'il est doux de vivre quand on aime, qu'il serait affreux de mourir quand on est aimé. Dis-moi, toi dont la science égale le courage, dis-moi pourquoi je suis plus religieuse depuis que je connais l'amour; et pourquoi Dieu peut condamner un sentiment qui me rapproche de lui? Dieu, répondit le jeune philosophe, ne condamne que la haine; il protège tous ceux qu'unissent des sentimens vertueux et tendres. — Puis-je t'en croire! il nous ordonne de nous séparer. — Nous séparer! Gabrielle voudrait me quitter! — Hélas! je ne puis te suivre... En vain tu retardes d'heure en heure ton fatal départ, le ciel a prononcé, la Palestine t'appelle. Tu dois cueillir les lauriers de la gloire dans les champs de l'infidèle, et relever la croix sur le tombeau du Sauveur. Je ne puis, répartit Florestan, je ne puis me persuader que le ciel trouble pour moi l'ordre de la nature; que les morts sortent de la tombe; que les démons soient les interprêtes des volontés de mon Dieu....... Laisse, ma belle amie, laisse au vulgaire des esclaves ces opinions et ces craintes absurdes: quand Dieu nous parle, c'est par le sentiment; mon cœur me dit de rester auprès de toi pour t'aimer, auprès de mon père pour être l'appui de ses vieux jours, parmi ce peuple qui murmure contre moi pour le rendre heureux. J'aime la gloire, et ne redoute point les combats. Si ma patrie est jamais attaquée, ton amant sera le premier à la victoire ou à la mort. Jusques-là je resterai dans le château de mes pères, et je laisserai partir les Croisés, sans les blâmer ni les suivre.

Florestan! s'écria Gabrielle, en se dégageant de ses bras, Florestan!....... qu'oses-tu dire! quand l'Europe s'arme pour la cause de ton Dieu; quand la religion entraîne les peuples et les grands sur le tombeau du Sauveur; toi seul répudiant la gloire, sourd à la voix de tes devoirs, te séparant des chrétiens, tu sembles te mettre au nombre des ennemis du Christ. Quelle destinée oses-tu te préparer? Je vois la foudre frapper ta tête impie, et les anges repousser ton âme criminelle. Je dois immoler mon bonheur à ton salut; je dois me condamner aux tourmens de l'absence, pour t'arracher aux tourmens éternels. Ces miracles, dont tu doutes encore, je les ai vus, l'Éternel m'a parlé, la bonne Vierge m'a demandé mon appui : c'est à toi, m'ont-ils dit, c'est à toi de désarmer le courroux céleste; je le vois, ton repos les irrite, ils m'ordonnent de presser ton départ. Dieu des chrétiens, ajouta-t-elle en pleurant, quel plus grand sacrifice pourrais-tu demander à une faible mortelle! tu sais combien je l'aime, et tu veux que je sois peut-être la cause de son trépas! lorsque tu permis le supplice de ton fils sur le Calvaire, tu savais qu'il devait revivre, et ce ne fut pas toi qui l'immolas. Moi, si je perds mon amant, mes propres mains l'auront conduit à la mort; il sera mort pour ne plus renaître! cependant, tu le veux, et c'est à moi d'obéir; mais ma confiance en toi ne peut être trompée. Je suis au-dessus des serfs pour les secourir, tu ne peux être au-dessus de moi pour me persécuter. Si tu me demandes mon amant, c'est pour me le rendre brillant de gloire et d'amour.

A ces mots, ses larmes tarirent. Une vive espérance brillait dans ses yeux, elle entoura son amant de ses bras, le pressa sur son cœur. — Tu reviendras mon bel ami, lui dit-elle. Grand Dieu! je vous le confie. Vous ne tromperez point mon attente! Si vous acceptez mon sacrifice, si vous ordonnez le départ de mon amant, si vous devez le rendre un jour à mes larmes..... tonnez!!

O miracle! elle dit, et tout-à-coup.... (nos manuscrits attestent ces prodiges inouis...) l'éclair embrâse la nue, le tonnerre roule et gronde, et Gabrielle tombe sur le gazon en s'écriant:

J'ai vu les cieux ouverts, et la voix de Dieu m'a promis ton retour!

Alors elle coupa deux morceaux de sa robe rouge, et les cousant en forme de croix sur l'épaule gauche de Florestan, elle lui dit: *Noste Padre ou voou et ta calignaïra.* (Dieu le veut et ta maîtresse.)

Tu le veux, chère amie, répondit

Florestan, tu le veux! Je n'ai point reconnu la volonté du ciel dans ces miracles, dont je doute encore; mais tu parles et c'est la voix de Dieu même! tu le veux je vole sous les saintes bannières; je te devrai les lauriers dont ce fer couvrira mon front. Mais, hélas! mes douleurs aussi seront ton ouvrage. Je souffrirai plus que toi, répondit-elle; tu seras distrait de ton amie par les combats et la gloire, les soins du voyage et l'aspect touchant et merveilleux des lieux saints. Moi, je serai seule avec ton image et mes regrets; je rêverai tes fatigues quand tu jouiras du repos de la victoire. Les auteurs de nos tourmens, ce sont les infidèles: eux seuls nous séparent, punis-les de notre malheur; les ennemis de Dieu sont maudits, que leur sang versé expie, s'il est possible, et mes pleurs et celles du divin Sauveur, attaché par eux sur l'arbre de la croix.

En disant ces mots, elle pliait en

écharpe le long voile dont sa tête était couverte, elle en revêtit son amant, lui prit son épée, et la lui remit en le déclarant chevalier.

O vous qui mourûtes pour nous, ajouta-t-elle, vous qui demandez l'extermination des enfans de vos assassins, veillez sur les jours d'un guerrier armé pour votre cause; accordez la victoire à ses armes et la paix à son cœur; persuadez-lui bien que je dois vivre et mourir toute à lui, et frappez-moi de la foudre si jamais je l'oublie. Dès ce moment mes yeux sont condamnés aux larmes; et des vêtemens de deuil attesteront le veuvage de mon cœur, jusqu'à l'heure du retour.

Et moi, reprit le guerrier, en brandissant son épée vengeresse; je jure aux deux maîtres de ma vie, à mon amante et à mon Dieu, je jure de n'épargner aucun infidèle. J'aime tout ce que vous aimez, je veux haïr les objets de votre haine.

Les ennemis de mon Dieu sont les miens...
Gabrielle les a maudits.

Ainsi Florestan fut armé chevalier. Les apôtres prêchèrent le christianisme, mais les femmes le prouvèrent; pouvaient-elles faire moins pour cette religion sainte qui leur montre le Dieu du ciel sortant des entrailles d'une mortelle! Florestan fit part de ses projets à son père, et s'autorisa de l'exemple de tous les princes en général, particulièrement de celui de Raymond, son souverain, et du frère du roi de France. Le comte voulut, en vain, dissuader son fils de sa folle entreprise (c'était la plus douce expression du philosophe). La réponse du Croisé fut toujours la même: *Dieu le veut et ma maîtresse*. Enfin, l'archevêque de Narbonne menaça le comte de l'excommunier et de mettre ses biens en proie, s'il persistait à s'opposer au départ de son fils. Le comte fut obligé de se soumettre; les Croisés eussent, au premier mot, dévasté les terres d'un philosophe complice des Sarrazins; ils l'eussent brûlé lui-même selon la loi, et la flamme du bûcher vengeur eût guidé sûrement leurs premiers pas dans la carrière. « Je cesse de te retenir, dit le comte, mais tu ne partiras pas seul. Le fanatisme t'arrache à tes devoirs les plus sacrés, tu refuses de prendre soin de mes vieux jours, et moi, je vais combattre près de toi pour éloigner de ta tête le fer ennemi, pour essayer d'éclairer ton cœur trop facile à égarer. Quand tu oublies que tu es mon fils, je sens plus vivement que je suis ton père. »

Le comte prit donc la croix, malgré les larmes de Florestan, de la comtesse et de Laurète. Ses vassaux se rendirent en foule sous sa noble bannière.

Compelle eos intrare, forcez-les d'entrer. Ministres du Christ, n'oubliez jamais ce commandement du doux fils de l'homme; forcez les faibles et les méchans, les hérétiques et les philosophes, tous les raisonneurs en un mot. Forcez-les d'entrer.... qu'ils entrent. S'ils meurent en entrant, ou avant d'entrer, c'est leur faute; pourquoi sont-ils sortis?

Il fallut se pourvoir d'armes et de bagage; le comte ne trouva point à emprunter. Ses biens étaient en litige, vainement croyait-il démontrer la futilité des prétentions des moines, mille exemples attestaient que les moines avaient toujours la justice pour eux. Cependant ne voulant pas le laisser mourir damné, ils lui fournirent l'argent nécessaire, il leur engagea ses domaines jusqu'à son retour. Ses vassaux leur vendirent également une partie de leurs terres pour de l'or, pour des bénédictions et des messes, et l'autre partie ils la leur cédèrent en échange contre un égal espace de terrain en paradis, dont les bons pères leur firent cession par acte. Ainsi tout le monde fut content, les Croisés eurent de bons chevaux, de belles armes bien bénies, l'espérance de conquérir des royaumes, des principautés, des châteaux et des fermes en Palestine, la certitude d'un bon et vaste emplacement en paradis; et les moines eurent de grandes terres autour de leur couvent pour y semer le pain des pauvres, grand nombre de messes à chanter pour désoler Satan, et l'indicible satisfaction chrétienne et dévote de voir partir pour la Judée, et par conséquent pour le ciel, une multitude de serfs et de vilains, raisonneurs et brouillons, et surtout un seigneur hérétique et philosophe, dont les opinions et les exemples diaboliques auraient envoyé les habitans du pays en enfer, et chassé les moines du pays.

CHAPITRE IV.

Amazones chrétiennes. — La mission du Glaive.

Le comte et Florestan, à la tête de leurs vassaux, se rendirent auprès de Raymond, au bruit des cloches du comté de Lansac et des chants des moines, couverts des bénédictions de l'Eglise, baignés des larmes de la comtesse, de Laurète, de Gabrielle et même du baron. Ce dernier dit au comte : « Vous partez, c'est votre faute. Si vous aviez été chrétien orthodoxe, si vous aviez été convaincu du pouvoir des prêtres, vous seriez resté tranquille dans votre château...... Corbleu!..... » Ce mot terminait tous ses discours. En quittant le comte il eut la rencontre d'un moine, lui reprocha le départ du philosophe, et lui sangla deux fois son fouet à travers le visage.... O puissance de la réligion! le moine reçut les coups de fouet du barbare, et lui donna sa bénédiction.

Raymond et les Croisés se mirent en marche vers Constantinople. Florestan eut le bonheur d'attirer l'attention du légat. Ce saint personnage le nourrit du pain de la *parole*, lui prouva par les exemples du peuple d'Israël et les lois divines contenues dans ses livres saints, l'obligation imposée à tous les chrétiens d'exterminer les infidèles et les hérétiques. Il lui fit voir *Moïse*, à la tête d'une légion de prêtres, fondant l'épée à la main sur les adorateurs du *veau d'or*, et en massacrant *vingt et trois mille*; *Jacob* et sa famille, égorgeant *en trahison* les Sichimites; *Josué*, mettant tout à feu et à sang dans une ville idolâtre qui ne se défend pas; le peuple chéri, exterminant tout ce qui a vie; *David*, brûlant les villages qui lui ont servi d'asile, et massacrant les sujets du roi Achis, son *bienfaiteur ;* enfin, tous les hommes, selon le cœur de Dieu, se baignant dans le sang idolâtre : *Dieu lui-même*, se faisant homme pour apporter sur la terre *le glaive et non la paix ;* comme il le déclara expressément ; il lui prouva la *perpétuité de la foi* de notre sainte mère Église à cette mission (celle du glaive), de son cher époux, le doux agneau de l'Apocalypse, le chef des missionnaires, le *grand célibataire des mondes ;* et la lui prouva par la conduite de notre sainte mère depuis les premiers jours jusqu'à eux (*a*).

(*a*) Combien cette preuve est plus aisée encore à faire aujourd'hui ! Que de missions le glaive n'a-t-il pas faites ! La discorde a-t-elle cessé jamais d'accompagner nos pas ; y a-t-il une époque de l'histoire des hommes où notre zèle dévorant n'ait brûlé, ravagé, massacré, proscrit. Ne sommes-nous pas en 1815 !

Oui, philosophes, le Christ est venu apporter

Il lui fit voir, les premiers chrétiens, proscrivant tous les cultes, renversant les statues des faux dieux, excitant mille séditions dans l'Empire, et quand enfin la religion du ciel se fut assise sur le trône avec Constantin, la guerre s'allumant entre les croyans, et le glaive apporté par le Christ versant, à longs flots, le sang de la famille chrétienne, c'est-à-dire le sang de ses membres gangrénés, des hérétiques, des schismatiques et des raisonneurs.

L'Éternel, disait le saint légat, a quelquefois changé, peut-être, de volonté; il créa l'univers et l'homme, et se repentit de les avoir créés; il choisit les Hébreux entre toutes les nations, les nomma son peuple chéri et l'abandonna ensuite; après avoir fait le vieux Testa-

---

le glaive! le glaive est dans les mains de l'Église, il est hors du fourreau... taisez-vous... et payez la dîme.

ment, il fit le nouveau. Cela entrait dans ses desseins, nous devons humilier notre raison devant sa sagesse; mais il a eu une pensée de tous les temps, une seule, ce qui prouve le but de la création et son motif; ce but et ce motif sont, l'extermination de quiconque ne croit pas ce qu'il faut croire.

En effet, l'Éternel est, comme vous savez, une unité, laquelle est une trinité composée du Père, du Fils et du Saint-Esprit. Or, *Dieu le père* ayant fait le judaïsme, dit aux Hébreux : exterminez tous ceux qui ne seront pas juifs; *Dieu le fils* ayant fait le christianisme, dit aux fidèles: exterminez tous ceux qui ne seront pas chrétiens, *même les juifs* (*a*); et *Dieu le*

(*a*) Jésus a dit, il est vrai : Aimez-vous les uns les autres; mais cela ne peut signifier que, aimez-vous, *enfans de l'Église;* puis qu'il n'y a point de salut hors de l'Église.

Saint-Esprit avait dit aux juifs par la bouche des prophètes inspirés par l'*esprit*, et a dit aux chrétiens par la bouche des interprètes de la sainte mère Église, inspirés par lui, *Saint-Esprit*: exterminez *juifs et chrétiens*, s'ils sont dans l'erreur; donc la très-sainte Trinité est une en volonté comme en essence; et il faut pour lui plaire, et conséquemment à cette volonté exprimée par les Papes et leurs légats, les évêques et les conciles, les docteurs et les moines, les dévots et les marguilliers; en un mot, par les millions de bouches de notre sainte mère Église, égorger, *à la gloire de Dieu*, les infidèles, les hérétiques, les philosophes, les raisonneurs, et leurs bœufs et leurs ânes, selon les usages orthodoxes des enfans d'Israël.

Ainsi, ou à peu près ainsi, s'exprimait le saint homme. Ces conversations pieuses firent ouvrir les yeux au jeune guerrier; et bientôt il prouva par ses œuvres que le bon grain n'avait pas été semé dans une terre ingrate.

Après le départ de Raymond et des Croisés, l'Occitanie retentit des plaintes des amantes, des veuves et des mères. Des légions de diables, dit notre chronique, se transformèrent en messagers et furent dépêchés par elles à leurs maris, à leurs amans pour les engager à revenir sur leurs pas. Les amans renvoyèrent les courriers chargés de paroles de consolation, les maris ne voulurent même pas les entendre. Fût-ce dans la crainte de ne pouvoir résister aux sollicitations de leurs épouses; se jugèrent-ils moins fermes que les amans? Le Chroniqueur laisse la question indécise, nous la proposons aux dames.

Quoi qu'il en soit, le Démon voulait, par le moyen des épouses et des amantes, faire revenir les Croisés, il occasionna le départ des affligées. Admirons les voies de la Providence; elle se sert de l'enfer même pour opérer notre salut.

La comtesse de Lansac, la première de toutes, conçut l'héroïque dessein de se croiser; elle renvoya Laurète chez une vieille baronne; et libre d'obéir à la voix du ciel, elle fit passer dans le cœur des veuves, épouses ou amantes, tout le courage du sien : une armée d'amazones se forma sous les murs du château de Lansac, et partit pour la Terre-Sainte en invoquant la sainte Vierge, sainte Judith, sainte Jahel et les autres héroïnes du peuple de Dieu (*a*).

A cette armée se joignit une foule innombrable de moines et de pages;

(*a*) Plus tard les dames de Gênes se croisèrent. Le Saint-Père Boniface, au récit de leurs prouesses, s'écria : « Elles entreprennent le secours de la Terre-Sainte pour se tenir constamment en bataille avec le Christ contre les ouvriers d'iniquité. O merveille! ô prodige! Ces femmes *revêtues du soleil*, foulent aux pieds

l'Éternel descendit dans leurs rangs, le Saint-Esprit, sous la forme de langue (nos manuscrits ne disent pas si elle était de feu), planait sur le camp ; les prophètes et les prophétesses se multipliaient d'heure en heure. Tous les moines et toutes les femmes eurent des extases et des visions.

Ces amazones arrivèrent dans un pays peuplé de juifs. A l'aspect de ces misérables, dont les pères firent mourir Dieu, une voix se fit entendre.

« Saintes guerrières, s'écria-t-elle,
» si la femme perdit le genre humain,
» les flancs d'une femme portèrent le
» Sauveur de l'humanité. Vous prêtâtes
» l'oreille aux discours du serpent; mais
» il est écrit que vous marcherez sur sa

---

les choses temporelles *représentées par la lune*!.... »

Ces merveilleuses paroles sont extraites d'un Bref du vicaire de Dieu, Boniface VIII.

» tête. Les enfans de Judas sont devant » vous, écrasez le serpent!.... »

Ainsi Dieu remettait le soin de sa vengeance aux femmes et aux moines, comme aux jours d'Athalie, où des lévites et des saintes filles égorgèrent dans le sanctuaire, et de leurs propres mains, une reine infidèle.

Écrasez le serpent! On égorgea les enfans d'Israël dans leurs lits, dans les champs, dans les cavernes; la tête des enfans fut écrasée sur la pierre, comme il est prescrit par le Juif roi et prophète David; et beaucoup d'entre ses descendans, prévenant eux-mêmes un supplice plus cruel et mérité, se tuèrent de leurs propres mains, après avoir tué leurs femmes et leurs enfans (1).

Ces dévotes héroïnes, versant ainsi

---

(1) Historique. On n'invente jamais les faits généraux.

partout le sang judaïque, arrivèrent dans la Hongrie, où l'armée de l'ermite Pierre avait été détruite: elles y furent également exterminées; la divine Providence les enleva de cette vallée de larmes.

La comtesse de Lansac, comme toutes les autres, reçut la couronne du martyre. Ces chastes épouses furent reçues au ciel par leurs époux, tombés avant elles sous le fer ennemi; bientôt elles y reçurent leurs jeunes enfans, qui, marchant sur leurs traces, et conduits par des maîtres d'école, se croisèrent, partirent pour la Palestine, et arrivèrent au ciel dès les premiers jours du voyage.

Ainsi, la plupart des premiers croisés, hommes, femmes, enfans et moines, périrent; comme autrefois les enfans d'Israël; loin de la terre promise: mais Raymond, nouveau Josué, devait y conduire son peuple.

Parmi les grands vassaux du comte

de Toulouse, Florestan fut toujours le plus brave et le plus catholique. Gabrielle et le légat avaient totalement changé son esprit; le philosophe avait fait place au chrétien. Gabrielle a maudit les infidèles, disait-il souvent; malheur à cette race impie! mon bras n'épargnera ni la vieillesse, ni l'enfance; les ennemis de Gabrielle sont indignes de pitié.

L'empereur grec accueillit comme des libérateurs les guerriers du comté de Toulouse; leur valeureux souverain lui promit de le servir contre ses ennemis; mais Florestan, indigné de la faiblesse de son prince, disait aux chrétiens : Une ligue avec des schismatiques est une ligue impie; ils sont maudits comme les infidèles. Loin de leur prêter l'appui de votre bras, frappons, au contraire, ces fils désobéissans, précipitons du trône de Constantin ces empereurs rebelles au père commun; exterminons les schismatiques, et Dieu nous accordera le bonheur et la gloire d'exterminer les Sarrazins.

La voix du héros fut entendue. Le sang des Grecs coula dans Constantinople; mais la conquête de cette ville coupable était réservée à d'autres héros; les décrets éternels appelaient Raymond et ses sujets sous les murs d'Antioche et de Nicée.

Le comte de Lansac ne partageait point l'enthousiasme de son fils, il contredisait le légat; il osa prétendre que Dieu pouvait sauver l'hérétique et l'infidèle, et que les hommes devaient souffrir ce que Dieu souffrait. Anathême! s'écria le légat; il ne serait donc plus permis d'extirper les mécréans, de mettre leurs biens en proie ou de les confisquer? l'Église cesserait d'être militante, et la sainte croisade serait un crime ou une folie, et peut-être tous les deux!... Le comte n'osa répliquer; mais *son silence fut séditieux* (*a*) : il eût été excommunié et brûlé pour avoir parlé et pour n'avoir rien dit, comme on doit en agir avec les hérétiques et les suspects d'hérésie, si le légat n'eût été l'ami de Florestan : il pardonna au père en considération du fils. Mais Dieu ne pardonna point; sa vengeance fut lente, mais terrible.

Baudoin, Godefroy, Raymond, dépassèrent enfin les champs de Constantinople, et rencontrèrent bientôt des ennemis dignes de leur courage : l'illustre Soliman leur livra de terribles combats; mais l'heure était venue où l'Alcoran devait tomber devant les bannières du Christ.

(*a*) Cela se comprend en 1815. Ne pas dire ce qu'il faudrait dire, n'est-ce pas dire ce qu'il faudrait taire? c'est comme une rature sur un manuscrit, sous laquelle on devine ce qu'on ne peut pas lire. C'est une *rature de pensée*, proposée à M. B....

Ces Arabes conquérans, ces Turcs féroces, disparurent devant les Croisés comme les sables devant les tempêtes, ou tombèrent comme les arbres des forêts sous les carreaux de la foudre.

Antioche et Nicée furent les premiers prix de la victoire.

Florestan était l'orgueil de l'armée, il exécutait en aveugle les ordres de l'Église; il frappait sans miséricorde, et détournait sa vue des misérables, afin de n'être point égaré par des larmes; il ne recevait point de prisonniers (*a*) : aussi les historiens assurent que la milice céleste chantait son zèle et sa gloire sur des harpes d'or, donnait à son bras vengeur une force miraculeuse, et le couvrait de son divin bouclier.

(*a*) On leur coupait les mains et les pieds et on les abandonnait ainsi sur les grandes routes. L'évêque du Puy était le légat du Pape près de cette sainte armée.

Le comte de Lansac combattait vaillamment; mais il blâmait le zèle des Croisés : il eût voulu qu'on eût gardé la foi aux infidèles, qu'on eût observé les traités, qu'on eût même fait la paix et recouvré Jérusalem de bon accord, comme il était possible; mais les grands de l'Occident, qui s'étaient armés pour conquérir des royaumes et des principautés, au moins une pour chacun, et les moines et les prêtres, qui voulaient extirper les infidèles et édifier des églises et des abbayes, rejetèrent ses propositions *mal sonnantes*. Heureusement le sort des armes lui fut contraire; il disparut tout-à-coup : ses écuyers déclarèrent l'avoir vu tomber sous le fer d'un Sarrazin; et l'armée, dont il intimidait quelquefois le zèle, se livra depuis à toute l'ardeur de ce zèle, trop long-temps contenu.

CHAPITRE V.

Jérusalem.

Les innombrables soldats accourus sous les drapeaux de l'ermite et de Godescald avaient disparu : vainqueurs, ils se fussent attribué la victoire : Dieu voulut prouver, en leur retirant son bras, que toute force vient de lui. La faible armée de Raymond et de Godefroy renversa tous les obstacles; l'Éternel s'était mis avec elle. L'Éternel est le Dieu fort, mais il est aussi le Dieu jaloux : les compagnons de Godefroy le priaient avant de combattre, et lui chantaient des hymnes après la bataille : aussi les prêtres, considérés et puissans, attirèrent sur l'armée les bénédictions du Très-Haut, les Sarrazins mordirent partout la poussière, et les murs resplendissans de la Cité sainte se montrèrent enfin aux yeux émerveillés des guerriers de l'Église.

A l'aspect de Jérusalem, quelles leçons, quels exemples, quels grands souvenirs se présentèrent en foule à leur mémoire! Là, jadis vivait un peuple gouverné par Dieu même, par l'intermédiaire de ses pontifes : aussi quel peuple eut jamais moins de science et plus de foi! quel peuple vit un si grand nombre de prophètes et de miracles, et jouit d'autant de gloire et de bonheur!

Là, fut placé le modèle de la société humaine, et l'exemple de l'ordre qui devrait être établi partout, puisque Dieu en est l'auteur (*a*).

Du sommet des montagnes arides d'où, pour la première fois, il voyait

---

(*a*) Cet ordre, c'est la Théocratie.

les remparts de Sion captive, Florestan crut entendre les cris des Amalécites égorgés; du roi Agag découpé-vivant par le prophète Samuel (*a*); d'Athalie, poignardée par les lévites; des quarante-deux mille Ephraïmites massacrés pour

---

(*a*) Le Seigneur avait dit à Saül : « Vas, et frappe Amalec, et détruis tout ce qu'il a. Ne l'épargnes point, mais fais mourir tant les hommes que les femmes, tant les grands que ceux qui tètent, tant les bœufs que les brebis, tant les chameaux que les ânes. (*Bible d'Ostervald.*)

Le saint peuple égorgea donc hommes, femmes, vieillards et enfans, et les ânes pelés et les brebis galeuses; c'est-à-dire, tout ce qui ne lui était d'aucune utilité; mais les bonnes bêtes furent épargnées, et Saül eut pitié du pauvre Agag, roi d'Amalec. Samuel se leva de grand matin pour aller gourmander Saül, et lui rappeler que s'il l'avait sacré Roi c'était à condition qu'il serait bien obéissant. Il lui dit que, ayant désobéi, *l'Eternel l'avait rejeté.* Alors, il se fit amener le roi Agag; ce mécréant, dans la vue de plaire au grand-prêtre, *vint à lui faisant le gracieux ;* mais le grand-prêtre lui dit son

mauvaise prononciation ; en même temps, il crut voir la gloire du grand-prêtre, il vit ce confident de l'Éternel, la tête entourée d'une brillante auréole, respirant les parfums de l'autel et le sang des victimes ; et dictant aux lévites, pour les imposer au peuple, les ordres de Jehova.

Éclairé par cette vision toute divine, il poussa son vigoureux coursier au milieu des rangs, brandit fièrement sa lance, et s'écria :

« Princes et chevaliers, nobles et vilains, vous tous, maîtres ou esclaves, écoutez-moi !... Dieu m'a parlé.

» Enfin, nous touchons au terme de nos travaux ; Jérusalem est devant nous ;

---

fait un peu rudement : *Ta mère, entre les femmes, sera privée d'un fils ; et il le fit mettre en pièces devant l'Eternel.*

Voltaire traduit : *et IL LE coupa en morceaux.* Nous croyons cette traduction plus exacte et plus digne d'Israël et des grands-prêtres.

prouvons dans ses murs sacrés où la victoire va nous conduire, que nous sommes dignes de les habiter; ouvrons les livres saints; voyons-y comment en usaient les enfans d'Israël envers les nations vaincues, idolâtres et maudites. Prêtres du Seigneur! vous, à qui le soin de l'arche ancienne et nouvelle est confié, ouvrez cette arche divine, sortez les tables de la loi, et redites-nous les ordres donnés par l'Éternel à son peuple, contre Baal et ses disciples. »

Héros catholique! répondit un moine, Dieu veut que son peuple tue tout ce qui a vie, détruise les récoltes et renverse les maisons: c'est écrit (*a*).

— Et son peuple, quel est-il?

(*a*) Les livres saints attestent à chaque page cette volonté. Le peuple chéri ayant égorgé tous les Madianites mâles et épargné les femmes, le bon Dieu se mit en colère, et s'écria par la bouche de Moïse : (*Nombres.*) « Pourquoi avez-

— Les enfans d'Israël furent honorés de ce nom, et l'Éternel ayant fait alliance avec eux, leur promit l'empire de toute la terre, *à jamais*.

Quoi! répliqua Florestan, ils régneront sur nous! Quels crimes n'allais-je pas commettre? j'allais offenser Dieu dans la personne de ses alliés!

Moderne Samson! s'écria le moine, ne crains rien; tu peux atteler trois cents renards, leur attacher du feu à la queue, et les chasser vers les moissons d'Israël; tu peux faire crouler le temple et écraser tout Israël; Dieu a rompu l'alliance; il a maudit son peuple, et l'a dispersé sur toute la terre, *à jamais*.

Oui, guerriers, ajouta le légat, le peuple de Dieu n'est plus son peuple; c'est nous qui le sommes, et les mêmes

---

» vous épargné les femmes? tuez tous les enfans, » égorgez toutes les femmes. »

Hors de l'Église point de salut.

devoirs nous étant imposés, notre obligation est d'exterminer toutes les nations infidèles, et les Juifs eux-mêmes; quand je dis nous, je me trompe, car l'Église a horreur du sang, et c'est vous seuls qu'elle charge du soin de ses vengeances.

Eh bien! ajouta Florestan, prêtres de l'Éternel, priez pendant que nous combattrons; appelez sur nous les faveurs d'en-haut : nous jurons d'exterminer tous les ennemis de Dieu et de l'Église.

Nous le jurons! s'écrièrent les Croisés. Le légat entonne alors les cantiques de David; les prêtres lui répondent; l'armée tombe à genoux, pleure, prie, et se relève en menaçant Jérusalem et les enfans de Mahomet et la race maudite du roi-prophète.

Les murs de Sion s'écroulèrent..... Les chrétiens se précipitèrent dans leur enceinte semblables à des lions furieux.

Plus ils versaient de sang, plus ils en voulaient répandre; les souffrances du fils de Marie les rendaient insensibles aux souffrances de ses assassins; ils lavèrent avec le sang des mahométans et des juifs les lieux où coulèrent les larmes et le sang adorable du Sauveur du monde.

O combien de chevaliers français prouvèrent alors leur noble origine! On reconnut à leurs exploits les descendans de ces fiers barbares dévastateurs des Gaules. Combien de serfs, en imitant leurs maîtres, devinrent nobles comme eux (*a*)!

Florestan punissait dans chaque juif

(*a*) Pour constater cette illustration ancienne ou nouvelle, on inventa les armoiries. Tel, qui défrichant la terre et pratiquant les vertus de ses pères, n'aurait été qu'un vilain, devint par des prouesses qui, en bonne justice humaine, auraient mérité la corde, le chef illustre d'une longue suite de fainéans, nobles *comme leur épée;* car on sait que l'épée qui tue est noble, et

l'assassin de Dieu, l'ennemi de sa maîtresse; il massacra l'enfant dans les bras de la mère; il égorgea la mère sur le corps de l'enfant; il s'écriait : *Dieu le veut!* et l'infidèle tombait sous le glaive.

Il aperçut dans une caverne une femme coîffée d'un turban, derrière un tas de cadavres, au milieu de trois enfans : tous les quatre feignaient l'immobilité de la mort, mais Florestan a vu la ruse : un mouvement involontaire a révélé la vie; il s'élance. Sa pesante armure donne à ses pas un poids énorme sous lequel s'affaissent les morts et achèvent d'expirer les mourans. Il les maudit et s'écrie : *Dieu le veut!*

Il arrive enfin auprès de la jeune mère; elle avoue la vie pour implorer

---

la charrue qui nourrit ne l'est pas. Tant il est vrai que si Dieu punit jusqu'à la quatrième génération, il récompense jusqu'à la centième ceux qui gardent ses Commandemens!

la pitié du chrétien. — *Dieu le veut!* lui répond-il en levant le glaive, ce mouvement dérange son casque; le visage du héros est à découvert, et la suppliante s'écrie: Florestan!... Il regarde.... il voit les traits de Laurette, de sa sœur bien-aimée; il la voit et ne la reconnaît pas. Cependant ces traits chéris troublent son cœur; mais son bras est levé, mais sa haine pour les infidèles lui fait attribuer aux ruses du démon cette ressemblance d'une idolâtre avec sa sœur, et son bras, décidé par le désir de punir les malices de l'ennemi du genre humain, agite le fer vengeur; le fer tombe sur le groupe idolâtre, tandis que le héros, détournant la tête, s'écrie en versant une larme: *Dieu le veut!*

La surprise avait dérangé son bras; au lieu de frapper la mère, il fendit la tête à deux des enfans. Poursuivi par l'image de sa sœur, il voulut fuir, heurta du pied contre les cadavres, et tomba près d'un enfant syrien, qui, rappelant sa force dernière, lui enfonce l'index de la main droite dans l'œil gauche, et meurt. Les chrétiens emportent le héros; borgne, et estropié; car il s'était démis un bras en tombant.

Ainsi Jérusalem fut délivrée; ainsi périrent les juifs et les idolâtres; ainsi Florestan obtint de la bonté céleste des marques ineffaçables de son courage et de sa piété.

Vous avez vu, mes frères, l'action de la religion théologique sur les grandes masses; maintenant, apprenez comment un véritable chrétien doit se conduire pour aller au ciel, malgré ses péchés, et vous achèverez de vous convaincre de cette vérité si vraie, extraite des Pères et de l'histoire du monde :

» Dieu prodigue ses biens
» A ceux qui font vœu d'être siens. » (1)

(1) La Fontaine.

CHAPITRE VI.

Le Moine et Laurette.

Nous n'oublions pas notre but, il est de vous détourner des mauvais livres. Les philosophes emploient tous les styles pour réveiller votre attention, nous imiterons leur adresse, et, dans cette dévote histoire, nous passerons *du grave au doux, du plaisant au sévère*. Cet ouvrage doit vous tenir lieu de tous les autres.

Nous allons donc quitter le ton solennel en vous racontant les aventures de la sœur de Florestan.

La belle Laurette, confiée à la vieille baronne, s'ennuyait à mourir au récit, mille fois répété, des grands coups d'épée donnés, jadis, en l'honneur de la dame par les paladins de la Gascogne.

Ses charmes avaient fait l'admiration de la France et du Languedoc, de la Navarre et de l'Arragon; car, selon l'usage des vierges du bon temps, la baronne avait couru les aventures, seule, ou accompagnée d'une fille d'honneur ou d'un chevalier courtois. Malgré les enchanteurs, les géans, les forêts, la solitude et son chevalier, personne n'avait osé médire d'elle. Ah! quelle différence aujourd'hui! une Parisienne irait-elle en pélerinage à Long-Champ avec un ami respectueux; irait-elle en pélerinage au Mont-Valérien avec un missionnaire même, ou seulement se reposerait-elle avec l'un ou l'autre, au retour d'une station au cimetière du Père Lachaise, à la Galiote ou au Cadran-Bleu; mille mauvaises langues, ennemies de la religion, la poursuivraient, et n'épargneraient ni le discret amant, ni le dévot missionnaire. O temps! ô mœurs! Ah! mes chères sœurs, aidez-nous, vous le dévez, aidez-nous à rétablir les coutumes du douzième siècle; vous pourrez alors courir les champs et les bois, faire des pélerinages à Lorette, à Saint-Jacques de Compostelle, voire même jusqu'en Palestine; et si vous entrez à *Garbe* dans le cours de vos voyages, on vous y mettra, sans opposition, la couronne de roses blanches sur la tête.

Laurette s'ennuyait donc beaucoup au récit des nobles aventures de la châtelaine; non qu'elle les trouvât tant sottes, mais la bonne vieille les racontait sottement. La *damoiselle* ne jugeait pas si désagréable de courir le pays avec des amans toujours respectueux et fidèles. Elle aurait volontiers ajouté à sa suite une demi-douzaine de ces bons chevaliers, les uns pour lui chanter des romances ou lui raconter des fabliaux, les autres pour plisser sa collerette ou tricoter ses bas, car à quoi pouvaient être bons des chevaliers si courtois? à donner des coups d'épée en l'honneur de sa beauté! Elle ne voulait forcer personne à la trouver belle. Cependant les ennuyeux discours de la baronne lui donnaient de jour en jour un plus vif désir, sinon de courir les aventures, au moins de la quitter. Si quelque chevalier errant se fût approché d'elle, Laurette aurait probablement marché sur les traces des belles de la chevalerie, et mis son nom à la suite des noms d'Iseult, d'Oriane et de Blanche-Fleur : au lieu d'un chevalier il vint un moine; et son nom eût été mis dans la légende si elle avait toujours resté sous les ailes du saint homme.

Parmi les doctes et vénérables personnages du couvent de Lansac, il y en avait un tellement savant, rigide et pieux, qu'on l'appelait *le Moine*, sans autre désignation. C'était un puits de science, un abîme d'érudition. Il savait lire à peine, ne savait pas écrire du tout;

mais son âme, éminemment théologique, connaissait par instinct tout ce qu'avaient découvert les théologiens passés et présens, et devinait ce que devaient savoir un jour les théologiens à naître. Cet homme canonique portait une barbe longue et touffue; d'épais sourcils se courbaient en arc au-dessus de ses yeux tantôt sombres comme la nuit orageuse, tantôt brillans comme l'éclair; un nez prophétique s'élevait entre ses sourcils et ses moustaches comme le cèdre du Liban au-dessus des broussailles. Quand il marchait, il croisait les bras sur sa poitrine, il baissait les yeux ou les élevait dévotement au ciel, soupirait, pleurait et priait. Ses larges reins étaient serrés d'une double corde d'où pendaient une discipline et un chapelet. Il n'avait ni bas, ni chemise, mais il était couvert d'une haire: une odeur de couvent ou de sainteté l'annonçait au loin; c'était bien véritablement un moine. Il prenait la Bible et les prophètes pour règles de sa conduite; c'était un saint. Il frémissait du sort de Laurette, abandonnée à la déraison d'une vieille folle, à l'inexpérience d'une nourrice, aux mauvais exemples de Gabrielle, ivre d'amour. Si, comme il le craignait, elle devenait amoureuse de quelque mondain, son âme était perdue à jamais. Le fils de Dieu défend d'aimer; ses vicaires inventèrent les verroux et les grilles; les vierges furent ainsi mises à l'abri de la chair et du malin; et pourtant, comme il leur faut nécessairement un époux, à ce qu'elles disent; un époux est la marotte des agnès et des prudes; le doux Jésus devient le leur, dès qu'elles ont, de gré ou de force, renoncé à Satan et à ses œuvres.

Les moines, ayant déjà sauvé trois personnes de la famille, décidèrent de sauver aussi Laurette. Son voile était préparé, son directeur était désigné. Mais le moine craignant la résistance de la jeune vierge, ou suspectant l'habileté de son directeur, (il avait en vain demandé à l'être), résolut de la sauver. Le pélerinage à la Terre-Sainte, étant le moyen le plus sûr d'aller au ciel, il résolut de conduire la jeune fille à la Terre-Sainte.

Il sortit une nuit du couvent, un énorme bissac sur ses épaules, deux bâtons de pélerin à la main, la calebasse en bandoulière; il prit le chemin du château de la baronne; et parvenu sous les fenêtres de Laurette, posa le bissac, grimpa le mur, frappa trois petits coups à la fenêtre, dit à haute voix *l'Ave Maria*, et frappa de nouveau. — *Caou tusto* (qui frappe)? Le Père Eternel, répondit le moine. Il battit le briquet, et mit le feu à un paquet de filasse de chanvre. Tantôt agitant la filasse enflammée devant les contre-vents mal joints, tantôt la cachant derrière le mur, il fit des éclairs; le hasard, ou plutôt un accident préparé par la divine Providence, fit le tonnerre. Le saint homme était monté sur une pierre saillante, tout-à-coup elle se détache du mur, elle tombe, et le moine avec elle, sur un échafaudage de planches; l'échafaudage s'écroule avec bruit. Le moine fut moulu de sa chute, et ne fut pas trop fâché de sa mésaventure.

Laurette n'avait pas osé regarder d'abord; enfin, elle ouvrit doucement sa fenêtre : elle eut peur; mais, entendant des cris plaintifs, sa peur fit place à la compassion. Elle revêt à la hâte une robe légère, descend, ouvre sa porte, et la voilà aux côtés du moine. Le moine bénit l'agneau sans tache.

Ensuite, interrompant la jeune fille qui le pressait d'accepter ses secours :

LE MOINE.

Ma chère sœur, vos services me sont

inutiles. Dieu m'a dit : « Va trouver l'ai-
» mable Laurette ; ma voix, l'éclair et la
» foudre frapperont ses yeux et son
» oreille : tu guériras de tes blessures
» quand tu l'auras décidée à te suivre. »

LAURETTE.

Il est vrai, l'éclair et le tonnerre ont troublé mon repos. J'ai entendu les saintes paroles de l'ange, et une voix m'a dit : *Je suis le Père Éternel.* Et l'autre jour, pendant ma prière, une autre voix venant du ciel, et comme sortant de l'épais feuillage d'un chêne, m'a crié : *Ton Père t'appelle ! je suis le Fils de l'homme !*

LE MOINE.

Je me prosterne à vos pieds ; priez pour moi, Jésus vous a parlé : hâtez-vous d'obéir aux ordres du Père et du Fils ; venez, ma sœur, nous allons partir.

LAURETTE.

Vous voulez.....

LE MOINE.

Le ciel l'ordonne.

LAURETTE.

Comment peut-il le vouloir?

LE MOINE.

Ne le voyez-vous pas!... Pour délivrer les lieux saints, pour planter l'arbre de la croix.

LAURETTE.

Mon père et ma mère m'ont défendu.....

LE MOINE.

Il vaux mieux obéir à Dieu qu'aux hommes.

LAURETTE.

Il a dit : Obéissez à votre père et à votre mère.

LE MOINE.

Non ; mais il a dit : Honorez votre

père et votre mère. Honorez-les donc, mais n'obéissez qu'au Père céleste. Imitez l'obéissance des jeunes mariées ; il a dit : La femme quittera son père et sa mère pour suivre son époux.

LAURETTE *riant.*

Mais je n'ai point d'époux.

LE MOINE.

Vous faites partie de notre sainte mère Eglise dont Jésus est l'époux ; il est plus particulièrement l'époux des vierges fidèles : en allant combattre les infidèles, vous vous donnez à lui, il se donne à vous ; et, comme Adam disait d'Eve au jour de son hymen, il dit de vous : *Celle-ci est l'os de mes os, et la chair de ma chair.* Noble épouse du Christ, suivez donc ses pas et les miens, venez en Palestine.

A ces mots, il ouvrit son bissac, et en sortit une robe de moine dont il enveloppa Laurette, pour la mettre à l'abri des dangers du monde. Elle hésitait encore, alléguant cent mauvaises raisons; le doute de la volonté de Dieu...; que sais-je encore?...... Le moine prit la parole :

« Voudrais-je vous tromper? N'est-ce pas moi qui tranquillise les consciences et remet les errans dans la bonne voie? N'avez-vous pas entendu la voix du ciel? N'avez-vous pas entendu ce cri retentir dans toute l'Europe: *Dieu le veut?* Votre père et votre frère ne sont-ils pas partis? Votre mère n'a-t-elle pas suivi leur exemple? Pourquoi ne suivriez-vous pas l'exemple de votre mère? Vous en avez reçu l'ordre de l'Eternel votre père, et de Jésus votre époux? Ah! ma sœur... »

Ces reproches commencèrent à la toucher vivement; enfin, le moine eut l'heureuse idée de lui dire :

« Si vous aimez vos parens, pourquoi leur refuser vos secours? Dieu ne vous a-t-il pas dit : *Ton Père t'appelle?* Il vous appelle, ma sœur; peut-être n'a-t-il personne pour soigner ses blessures, ou consoler ses ennuis, ou le dérober au coup fatal : partons; allons près de lui; soyez là pour le secourir et le sauver !... »

Partons! s'écria Laurette en sanglotant, partons! Je le vois, Dieu m'a parlé, Dieu vous envoie! ne perdons pas un moment, partons! Ils partirent.

Satan en frémit. La beauté de la pélerine lui fit craindre une multitude de conversions; il jura de les empêcher d'arriver en Palestine, ou du moins, d'y arriver en état de grâce. Ici le Chroniqueur dont nous suivons le récit laisse percer une certaine crainte au sujet de Laurette. Quant au moine, il est sûr de lui, et s'écrie : « Satan sera vaincu ! Le saint homme touchera peut-être la terre; mais il se relèvera plus fort et plus aguerri. *Pierre Barjone,* qui est la pierre sur laquelle l'Eglise est bâtie, n'était pas une pierre plus ferme que le moine. Il lui fallut trois chants du coq pour reconnaître sa faute. Le moine aura expié les siennes avant même que le coq ait chanté. »

Les deux pélerins partirent donc au clair de la lune. Satan, pour effrayer la jeune fille, tantôt se transformait en fantôme aux longs bras, tantôt revêtait des formes plus épouvantables encore: mais le moine le combattait avec les armes de l'Eglise, le goupillon et l'eau bénite, le signe de la croix et les exorcismes. Laurette criait-elle au fantôme! au revenant!... Le moine la rassurait, exorcisait, prenait la pélerine par la main; ils avançaient..., et trouvaient, au lieu d'un fantôme, un chêne ébranché par les vents. Le *malin* mugissait-il horriblement derrière une roche, le moine prononçait les paroles sacrées; ils avançaient..., et voyaient une source au doux murmure. D'autres fois Satan volait au-devant d'eux sous la forme d'un farfadet, le moine aspergeait les airs d'eau bénite; ils avançaient..., et voyaient les doux rayons de la lune errans au gré du feuillage agité par les zéphirs, sur la route couverte par des berceaux de verdure.

Ainsi le démon changeait la forme de tous les objets; le moine remettait tout dans l'ordre; bientôt la pélerine, imitant son directeur, changea en rocher un énorme géant qui leur barrait le passage d'une rivière. Ce géant, c'est-à-dire Satan, devint barque; pour cette fois, ne se doutant pas de la ruse, ils entrèrent dans la barque et firent naufrage; la barque s'enfonça; le moine eut le bonheur de mettre sur ses épaules Laurette et le bissac, et de les sauver à la nage.

Le bissac contenait une robe de rechange : Laurette la mit; le malin s'attendait à quelque gros péché, causé par la toilette de la belle ; il entra même dans le corps du moine ; celui-ci recourut aux armes spirituelles ; il eut, pour lors, défié la vertu de saint Robert d'Arbrissel.

Un flacon de vin de Chypre les consola de leur mésaventure : il était jour, ils repartirent. Plus de géans, de farfadets, de fantômes, mais beaucoup de ronces, d'épines, de pierres pointues. Le moine oublia de les exorciser, et le malin fit enfler et crevasser les pieds délicats de Laurette. Alors elle regarda derrière elle, et ne voyant ni Lansac, ni le château de Gabrielle, ni celui de sa tante, elle se mit à pleurer en demandant si la Palestine était encore bien loin!

Le moine la prit de nouveau sur ses épaules, et la porta comme autrefois le Sauveur du monde portait sa croix ; car, dit l'archevêque Turpin, dont notre Chroniqueur partage les opinions, « De-

» puis Adam, la femme est la croix de » l'homme, avec cette différence que la » croix sauva l'humanité quoique ayant » fait le supplice du Juste ; et la femme, » qui fait souffrir les plus justes, nous » envoie en enfer dans l'autre vie, après » nous avoir tourmentés dans celle-ci. »

L'archevêque Turpin était sage, mais il n'était pas galant.

Le moine entendit comme la voix d'un âne. Le Ciel, s'écria-t-il, nous envoie un compagnon! A ces mots, il marche vers l'étable : Satan se tapit derrière la porte, sous la forme de verrou; le moine perce une planche, passe le bras, saisit Satan ; le verrou se rouille et refuse de glisser : le saint homme soulève la porte hors des gonds, et l'écurie est ouverte; ainsi, dans le bon temps, les moines et les démons guerroyaient sans cesse ; mais les moines étaient toujours victorieux : c'est pour cela qu'ils furent béatifiés. Lisez la légende.

Laurette, assise sur la poussière, pleurait amèrement; son conducteur revint et dit : « Le doux Jésus pouvait-il laisser à pied sa jeune épouse? Il ne donna qu'un âne à sa mère fuyant en Egypte, à vous il donne une mule, animal moins orthodoxe, il est vrai, mais plus vigoureux; la mule n'a jamais parlé ni vu les anges, comme l'âne, mais elle va plus vite, et nous devons remercier la divine Providence de ce choix. »

Elle porta, et d'abord fort bien, le moine et Laurette, mais bientôt elle renversa le couple malheureux; ils remontèrent; ils retombèrent : étaient-ils à terre, elle devenait docile; remontaient-ils, elle ruait. Le moine reconnut le démon à ses œuvres : il exorcisa la mule. Pendant la cérémonie, elle se prit à braire d'une façon épouvantable. *Vivat! Vivat!* dit le saint homme; le charme opère. Satan déguerpira : vainement il demande du secours aux enfers... O miracle! la possédée se calme et présente aux pélerins, en pliant ses jambes de derrière, une croupe facile.

Glorieux du succès de l'exorcisme, ils remontent sur la mule. Laurette prit, dès ce moment, une confiance aveugle en son directeur. Mais tandis qu'il s'entretenait dans ces bonnes dispositions, la mule rejeta les pélerins à quatre pas.

Dieu me punit, dit le moine; j'ai voulu triompher seul du démon, et l'homme ne peut rien par lui-même : mettons-nous en prières; invoquons le secours du Très-Haut et de son cher fils, triomphateur du diable et de l'enfer.

Ils attachèrent la possédée, et prièrent; ensuite ils cherchèrent des consolations dans le bissac, et enfin ils s'endormirent. A leur réveil, la lune avait remplacé le jour; ses rayons décolorés leur laissaient voir les mille fantômes placés autour d'eux. Laurette en fut moins effrayée; elle connaissait l'art de les mettre en fuite. Partons, dit le moine, rien ne manquait au dernier exorcisme, je suis sûr de la docilité de la mule.

L'herbe était tendre, ai-je dit; mais la possédée n'en sut rien. Attachée court et fort, elle n'avait pu brouter; et la nuit, pour elle, n'avait été qu'un long jeûne.

Dieu, dit le moine, en aidant sa compagne à monter derrière lui, ne refuse rien à ses serviteurs, quand ils le prient avec confiance; car il est écrit : Avec un grain de foi vous transporterez les montagnes. — Frère, répondit-elle, il vous sera bien plus facile de transporter la mule qu'une montagne : transportez-nous donc tous les trois, comme nous voilà; paraissons tout-à-coup dans la principale mosquée de Jérusalem, à l'heure de la messe, quand les infidèles changent le pain en Mahomet. Vous leur prêcherez le vrai Dieu; votre éloquence notre arrivée miraculeuse les convertiront. J'aimerais mieux les convertir que les exterminer.—Anathème! s'écria le moine. Si Dieu veut qu'on les extermine, est-ce à vous de ne pas le vouloir!

Intimidée par cette réponse orthodoxe, elle se tut; mais la mule ayant cessé de marcher, elle s'écria: Sainte-Vierge, venez à notre aide! le diable est au milieu du chemin. — Il connaît les livres sacrés, dit le moine, et il les parodie. Autrefois un ange tira l'épée contre un âne: si notre mule parlait, elle nous avertirait de la ruse diabolique. Heureusement vous parlez pour elle; invoquons le secours du ciel. Laurette voulut prier seule; il lui semblait avoir le grain de foi. La mule ne marcha pas. Mon frère, dit-elle, le Seigneur a repoussé mes prières. — Je le savais, répliqua-t-il; il a voulu réprimer votre orgueil. Pourquoi l'avez-vous tenté? Il est écrit: Vous ne tenterez pas le Seigneur votre Dieu. —Comment donc faire? répondit-elle: si je doute, il ne m'écoute pas; si je crois, il me refuse. — Vous laisser conduire sans raisonner; l'Église déteste les raisonneurs : ils sont damnés sans miséricorde.

Il dit, descend, débride la mule, et l'attache à une longue corde sur une herbe épaisse, et convie Laurette à venir prendre sa part des provisions que renfermait encore le bissac : elle n'osait; les reproches du moine l'avaient intimidée. Cependant elle se laisse verser un verre de ce bon vin de Chypre que vous connaissez; elle y trempe ses lèvres de rose, et en le buvant son trouble se dissipe; elle ose porter ses beaux yeux sur le théologien; elle voit un sourire de bienveillance errant entre ses moustaches et sa barbe; elle voit la main du saint inclinant encore vers elle le flacon délicieux : elle avance sa tasse sous le flacon, il coule, elle est pleine, elle est vide : la belle obéissante a, suivant les désirs du saint homme, avalé cette nouvelle tasse à l'honneur de la sainte Vierge. Ainsi la paix fut cimentée.

Un moment après, le moine récite un *Ave*, et ils boivent en l'honneur de l'Esprit saint; ils firent d'autres libations en mémoire du Père et du Fils; enfin, la très-sainte Trinité fut saluée d'une triple rasade, c'est-à-dire d'une trinité de rasades, car le moine ayant par trois fois rempli sa tasse, vida les trois portions dans un vase trois fois plus grand, et les but ensemble, après avoir disserté sur le plus saint des mystères (*a*).

Le moine s'exprima en ces termes (1):

. . . .

(*a*) Le connétable Duguesclin avala trois soupes au vin en l'honneur de la Très-Sainte-Trinité, avant d'aller combattre.

(1) Le dogme de la Trinité n'a rien de dan-

. . . .
. . . .
. . . .
. . . .
. . . .
. . . .
. . . .
. . . .

A ces mots, l'habile théologien but les trois verres réunis, et il ajouta :

« On devrait attacher des théologiens

---

gereux en lui-même; qu'il y ait, ou non, trois personnes en Dieu, ce Dieu n'en sera pas moins bienfaisant pour cela. Cet ouvrage est dirigé contre le fanatisme et non contre le culte, pourvu cependant que la conséquence du dogme ne soit pas la persécution et l'intolérance. J'ai donc supprimé, pour prévenir toute fausse interprétation, l'explication donnée par *le moine*, quoiqu'elle en vaille bien une autre. Mais j'ai donné, dans ma dernière partie, une explication de la Trinité, extraite des *Théologiens à jeûn*.

à tous les lieux publics où Satan attire les hommes par l'appât des plaisirs défendus. Ces théologiens feindraient de participer aux erreurs des misérables débauchés; mais soudain, faisant volte-face dans les momens opportuns, ils rappelleraient les égarés dans la bonne voie. Ainsi, par exemple, un pauvre ivrogne serait sauvé au bord de l'abîme; il sortirait plus chrétien que jamais d'un lieu de perdition, et le diable serait pris dans ses propres filets. Je prouverai par mon exemple la bonté de mon projet. Nous allons en Musulmanie; je veux m'y faire théologien du sérail, pour convertir ces pauvres sultanes et les dégoûter de la polygamie. »

Hélas! la fin du discours du moine prouve le désordre de ses pensées. Satan avait versé ses poisons dans le flacon de Chypre, tout l'enfer était entré dans le corps du saint homme : il prit Laurette dans ses bras, Laurette ne sut pas le repousser; il se crut dans le sérail, et ils tombèrent de l'état de grâce dans l'abîme de la réprobation et du péché.

Laurette, honteuse, remonta sur la mule, qui, pour cette fois, ne marcha ni trop ni trop peu. Le moine, à pied, cheminait sans sandales, sur les pierres aiguës, sur les ronces déchirantes, les yeux baissés et baignés de larmes, et comptant les grains de son chapelet. Il cherchait à expier sa faute par ses souffrances volontaires.

Après un long silence, Laurette osa tourner les yeux vers le vénérable Père, dont les sanglots avaient troublé sa rêverie. Ses larmes l'étonnèrent : elle éprouvait bien une certaine honte, mais elle était sans remords. Quoi! mon frère lui dit-elle, vous pleurez! vous pleurez, et vous êtes près de moi! près de votre bonne sœur que vous menez à la conquête de la Palestine et du Paradis, et que vous avez déjà initiée aux célestes joies. Dites-moi vos chagrins; laissez-moi essuyer vos larmes ou pleurer avec vous.

Elle descendit de sa mule, et ses bras caressans pressèrent le père inconsolable, et sa douce voix lui redit les plus douces paroles.

Le père s'était arrêté, les bras croisés sur la poitrine, la tête basse, un peu penchée vers l'épaule gauche, les yeux fixés sur son grand chapelet, cherchant par quel moyen il pourrait rentrer dans la voie dont il s'était fourvoyé : il ne voyait ni n'entendait Laurette; mais, aux trois quarts de son cinquante-unième *Pater*, il s'aperçut que la bouche de la pécheresse s'approchait de la sienne, il entendit sa voix tendre; il leva ses yeux vers les siens, et les vit brûlant d'une douce flamme, il les vit...; il allait peut-être oublier encore son Dieu : mais tout-à-coup se ressouvenant de son crime, d'une main il saisit son chapelet, comme un naufragé saisit une planche sur le gouffre prêt à l'engloutir, de l'autre il repousse Laurette, et s'écrie : *Vade retro ! vade retro Satanas !* éloigne-toi Satan, serpent maudit, abominable ennemi des hommes et de Dieu !...

Le serpent s'éloigna avec la fille d'Eve. Elle se mit à pleurer, en maudissant le jour où elle avait quitté le château de Lansac. Cependant le père s'approcha de la pélerine, et lui dit d'une voix forte :

« Pleure ! pleure ! être funeste, instrument de perdition, digne descendante de cette côte du premier homme, si malheureusement transformée en femme pour le tourment du pauvre Adam et de sa pauvre race ! pleure ton péché et le mien, et vois devant toi le gouffre de l'enfer, où ton âme et la mienne vont aller à tous les diables, si, par un moyen théologique, je ne les arrête sur les bords de l'abîme! »

Quoi! lui répondit-elle, nous avons péché, et je l'ignorais! et c'est moi qui vous ai livré aux griffes du malin! Je n'ai pas, comme la malheureuse femme d'Adam, tenté l'innocence de mon compagnon; vous m'avez ravi la mienne, si je l'ai perdue, et vous seul vous devez porter le poids du péché. — Fiat!! *soit fait comme il est dit!!* s'écria le moine dans un beau mouvement de charité. En effet, si j'y avais pensé, je vous aurais enseigné le moyen de passer à côté du péché, et nous serions encore en état de grâce. *Mea culpa!* c'est ma faute, ma très-grande faute (il se frappait la poitrine avec violence), j'en subirai seul la peine. Pour expier cette faute, je fais vœu de ne manger que d'un côté (du côté gauche, où j'ai une dent gâtée), de ne marcher que d'une jambe, c'est-à-dire, en sautant sur le pied droit, et en tenant les bras en croix, jusqu'à ce que j'aie trouvé un prêtre ou un moine auquel je me confesserai, et qui me donnera l'absolution; moyennant quoi je serai aussi innocent que si je n'avais pas été coupable, et n'aurai par conséquent ni regrets, ni remords, ni souvenir de mon péché.

Il fit remonter sa compagne sur la mule, et la suivit en sautant sur une jambe et les bras en croix. Il vit bientôt un moutier, il alla, toujours sautant, y déclarer son crime, après avoir enjoint à Laurette de se cacher et d'éviter les regards des moines.

Les trésors de la grâce sont ouverts au pauvre errant. Le vénérable abbé frémit au récit du péché. Pour le connaître dans toute sa laideur, il voulut voir la complice, et fut refusé par le pénitent; aussi, pour punir l'orgueil du démon qui le poussait à la désobéissance, lui fit-il appliquer trente-deux coups de discipline; ensuite il lui donna l'absolution, à condition de s'en appliquer lui-même soixante-dix-neuf coups dans le délai de deux jours.

Absous béni, flagellé, et se tenant à peine sur ses deux jambes, le moine ne trouva plus la pélerine. Laurette est dans le moutier! s'écria-t-il; ah! l'infidèle! Elle y était. Le diable, ne pouvant empêcher le moine de rentrer dans la bonne voie, conçut l'espoir de faire fourvoyer tout le couvent. Il prend les traits du père prieur, et dit: « Mes » frères, je sais où est la pécheresse; la » Madeleine fut moins jolie, et mérita » moins d'être ramenée au bercail. » Il dit, et s'élance une torche à la main; les frères se précipitent en foule sur ses pas, avec grand bruit, comme les abeilles sortant au matin de leurs ruches pour aller butiner sur les fleurs.

Ils élevèrent Laurette sur leurs bras

entrelacés, et la portèrent au couvent en chantant l'*Alleluia* et le *Veni Creator*. Le diable, sous la forme du prieur, secouait sa torche sur les frères; les feux de l'enfer en tombaient. Arrivés au couvent, ils se battirent: chacun voulait être le directeur de la pécheresse; cependant ils allaient se rendre à l'avis du démon, de la diriger chacun à son tour. Heureusement vêpres sonnèrent, les dévotes arrivèrent, firent évader Laurette, et les bons moines ouvrant les yeux, gémirent sur leur égarement, et, pour en obtenir le pardon, se déshabillèrent tous, et se donnèrent mutuellement la discipline (1).

---

(1) La flagellation est une des pratiques les plus anciennes. Elle fut établie pour punir les moines qui avaient péché. Comme elle dispensait des bonnes œuvres, elle fut bientôt généralement adoptée; on trouva moins pénible de se donner le fouet que d'être honnête homme. On vit des bandes de flagellans, nus jusqu'à la

Ainsi, dans les siècles de la foi, les fidèles erraient (l'homme est faible); mais reconnaissaient leurs erreurs, et savaient s'en punir. Nous ne pouvons pas espérer que les hérétiques, imitant jamais d'aussi saints exemples, se flagellent eux-mêmes; mais le zèle de la maison du Seigneur nous dévore; nous aimons notre prochain autant et plus que nous; nous demandons à tout mo-

---

ceinture et coiffés d'un capuchon, une croix d'une main, un fouet de cordes de l'autre, parcourir les villes conduits par des prêtres.

En 1348, on pensait qu'il fallait se flageller deux fois par jour et une fois la nuit. Au bout de trente-quatre jours, le sang du flagellant était si bien uni à celui de Jésus-Christ, qu'il avait gagné le pardon de tous ses péchés, sans qu'il eût besoin *de bonnes œuvres;* car c'était là l'essentiel.

Les prêtres musulmans pensent aussi que les pratiques extérieures sauvent l'âme du pécheur. Ils recommandent de nombreuses ablutions, et prétendent que quand on lave le corps, Dieu purifie l'intérieur.

ment à Dieu la grâce de flageller de nos propres mains les hérétiques et les philosophes, et les suspects d'hérésie et de philosophie, leurs femmes et leurs enfans, *ad majorem Dei gloriam*, et pour leur bien ; certains que nous sommes de les faire entrer, si on nous laisse faire.

Après avoir marché long-temps, ils arrivèrent devant la cabane d'un vilain. Le vilain les accueillit, et leur céda son lit moyennant leur bénédiction et deux *Pater*, qu'ils promirent de réciter pour sa famille et pour lui.

On soupa gaîment; le pain était noir, mais les conviés avaient faim; le vin était de l'année, mais il avait été mûri par le soleil du sud. Après le souper, on récita de dévotes oraisons; on raconta des miracles authentiques et des histoires de revenant. L'auditoire se retira pour aller se coucher pêle-mêle, selon l'usage des paysans des montagnes.

Le malin attendait les pélerins dans leur chambre. Elle était étroite, ne contenait qu'un lit, et ce lit n'avait qu'une paillasse, sans matelas ; de sorte qu'on ne pouvait mettre de matelas à terre, comme il nous arrive de le faire quand nous voyageons ma nièce et moi, et comme le fait mon ami et associé, l'ex-dominicain (c'est moi, ex-jésuite, qui tiens la plume), quand il voyage avec sa gouvernante, et qu'il n'y a qu'un lit pour deux. Le Chroniqueur prétend que sur la paillasse était un matelas, et que le malin le fit disparaître. Le fait est probable ; mais le Chroniqueur n'établissant son dire ni sur des actes authentiques, ni sur *des complaintes* (1),

(1) Un homme très-connu répondit à quelqu'un qui lui disait qu'il n'y avait plus de miracles certains depuis Jésus-Christ, qu'il en était arrivé un de nos jours, dont la vérité avait été mise hors de doute, et qu'il lui en fournirait la preuve. Quelques jours après, l'évêque consti-

ni sur des monumens tels qu'églises, chapelles ou abbayes élevées en mémoire du fait (1), il est permis de douter du miracle; et nous ne voulons pas accuser même le diable sans être bien sûrs du crime.

Les pélerins, en voyant cette couche unique, frémirent d'horreur; ils tombèrent à genoux, demandant à Dieu de ne pas les *induire en tentation;* ils igno-

---

tutionnel revint et communiqua sérieusement, à l'incrédule, une complainte où le fait miraculeux était raconté.

(1) Un juif acheta une hostie, et lui donna des coups de couteau, elle rendit des torrens de sang qui, de la maison du juif, coulèrent jusques dans la rue, à Paris. Les juges eurent bientôt condamné le juif, son crime était si évident! et l'on éleva une église en mémoire du miracle, à la place de la maison du juif. Cette église existe, c'est celle des *Billettes*. Voilà un miracle bien établi, et de bien dignes juges : heureuse France!

raient si c'était le diable, ou lui, qui les tentait. Le doute cessa : le moine invoquait son bon ange; Laurette, fatiguée, oubliant de prier, avait fermé les yeux, et, la tête contre le lit, s'était endormie à genoux. Tout-à-coup elle dépouilla ses vêtemens, et se mit sur la paillasse.

O mon doux Jésus! comment permîtes-vous cette détestable ruse du prince des ténèbres? ne voyez-vous pas que, dans cette posture, Laurette étalait devant le moine les charmes les plus dangereux : des charmes de seize ans, façonnés par l'amour. Le théologien, à cette vue, se troubla de telle sorte, que dans le *Credo* qu'il recitait, il énonça cinq à six hérésies dignes de la hart; il omit, ajouta, défigura des articles de foi; il s'aperçut enfin de ses crimes, et, pour échapper à l'enfer, il ouvrit la porte avec violence, mais la porte venant sur lui, le jeta sur le lit, à côté de Laurette, les deux mains sur des objets que nous ne pourrions dépeindre ni nommer (quand même nous ne devrions pas nous taire), n'en ayant jamais vu, n'en connaissant pas même le nom, ne sachant ce que c'est, ni lui ex-dominicain, ni moi ex-jésuite; nous sommes, là-dessus, ignorans comme des moines.

Le bon Père s'écria : « Serpent maudit! tu m'empêches de fuir! Ne pouvant régner sur mon âme, laquelle est toute à Dieu, tu contrains mon corps; je cesse de me défendre. Tu crois m'avoir vaincu : c'est toi qui vas l'être! Je connais la théologie, elle me fournit des armes à l'épreuve. » Il dit, se déshabille, souffle la lampe, se couche à côté de Laurette, et le diable la poussant avec la main, lui fait faire un mouvement qui la met dans les bras du moine.

Ici, j'interromps ma narration pour écouter les sarcasmes des philosophes: Riez, calomniez, blasphêmez, suppôts des enfers; imitez ses habitans, qui poussèrent des cris de joie. Je me plais à laisser éclater cette joie : plus elle sera grande, plus votre confusion sera complète.

Gloire à la théologie ! le moine passa la nuit dans les bras de la belle et ne pécha pas.

Comment cela se fit-il? me direz-vous mes frères. Voyons, devinez, chrétiens; devinez philosophes!

Vous, philosophes sans vertu, vous me répondez : Il était malade?—Non. —Il fit usage du procédé d'Origène (*a*)? — Non, mille fois non. Anathême !

Vous, chrétiens accoutumés aux miracles et aux exploits des saints, vous me répondez :

Il portait autour de ses reins un chapelet d'agnus-castus? —Non, mes très-

(*a*) On sait que, tenté par le démon de la chair, il coupa le mal dans sa racine.

chers frères. — Il récita une oraison à la Vierge? — Non. — Il mit son bréviaire entre lui et sa compagne? — Non. — Nous ne savons comment il s'y prit, mais enfin nous en sommes sûrs, car nous avons la foi; il imita l'héroïsme de saint Robert d'Arbrissel (*a*)? — Eh! non, mes très-chers frères, non!

Que fit-il donc? s'écrient à la fois les chrétiens et les philosophes.

Ce qu'il fit, ô merveille théologique! Il fit ce que font, et ce qu'auraient fait les philosophes, les hérétiques, et peut-être vous-mêmes, chrétiens impénitens; mais vous, philosophes, hérétiques, chrétiens, vous auriez péché, et le bon

---

(*a*) Ce bienheureux couchait entre deux jeunes filles pour mortifier sa chair. On assure que le diable finissait toujours par le laisser en repos.

Les chapelets *d'agnus-castus* sont fameux, et aussi efficaces que les oraisons à la sainte Vierge, contre le malin.

moine ne pécha pas! Cela vous étonne! Cela étonna Laurette, qui, se réveillant en sursaut, adressa de tendres reproches à son directeur : il rit de ces reproches et lui dit :

CHAPITRE VII.

L'oraison de quiétude.

Ma très-chère sœur, mon petit chou, mon joli chapelet (tous ces mots sont dans la Chronique, et nous croyons devoir tout copier, tant le sujet est grave), ma très-chère sœur, la guerre entre l'enfer et le Ciel commença dès le premier âge du monde; l'enfer fut vaincu, mais après quatre mille ans de combats, et lorsque l'Éternel eut envoyé son fils à la bataille, où il se fit tuer pour nous: jugez par-là combien la lutte entre l'enfer et l'homme doit être difficile. Son arme la plus redoutable, c'est la femme.

La chasteté des moines est fameuse, aussi le diable cherche toujours à nous y faire manquer. Ce matin, vos charmes abominables ont égaré mon âme, mais je me suis confessé; j'ai sauté sur la jambe droite, j'ai reçu trente-deux coups de discipline, je m'en appliquerai soixante-dix-neuf, et tout sera dit. Sauter sur une jambe est fatigant; la discipline forcée est désagréable; ne manger que d'un côté est gênant; et pécher est toujours mal, quoique l'on soit sûr de se faire absoudre. J'ai donc résolu de rester chaste et de ne plus pécher.

Si le diable est puissant, notre corps est bien faible! Une feuille de rose le blesse; un verre de Chypre le bouleverse; un léger attouchement de cette jolie petite menotte, en fait je ne sais quoi : il est donc, sans défense, livré à son ennemi. Des filtres font aimer par force; ils introduisent en nous une flamme fatale : à quelles flammes plus terribles ne sommes-nous pas en proie, lorsque Satan lui-même nous dévore!

Oui, ma chère sœur; il pleurait en disant ces mots : Satan est en moi; par vos yeux, il a pénétré dans les miens; par vos mains, il est entré dans les miennes; par le son de votre voix, il s'est introduit dans mon oreille; mon corps est comme un autre enfer, où il règne en despote; il veut me perdre, et, pour y parvenir, me faire rompre mon vœu de chasteté. Non, ferais-je, ô pudique épouse de Joseph! dont la vertu soutient aujourd'hui ma faiblesse! ô esprit saint! qui venez de m'inspirer, le moyen de ne pas faillir.

Le corps et l'âme sont deux êtres différens : l'un est de la boue, l'autre est le souffle divin. Le corps existait avant l'âme; l'âme existe après le corps; l'un peut être contraint, l'autre est toujours libre : donc, l'un peut être innocent du crime de l'autre; ce sont deux compagnons de voyage; ils marchent quelque temps ensemble sur la même route, mais chacun à sa manière. Le corps peut commettre un crime, quand l'âme l'a conseillé, mais il ne peut pécher seul. Après la vie, on mettrait vainement du vin dans la bouche du corps; vainement on mettrait le corps dans le lit de l'adultère, il ne commettrait ni le péché d'ivrognerie ni le péché de luxure; et l'âme, déjà séparée de la matière, resterait innocente. Il faut donc pour le péché le concours des deux natures; la matière seule est impeccable, et l'âme ne pèche que lorsqu'elle le veut bien; toute-puissante sur elle-même, elle n'a pourtant aucun moyen de neutraliser l'action des corps sur les corps; par exemple : elle ne peut faire qu'une ronce ne pique, ou que le vin de Chypre n'enivre. A plus forte raison, elle ne peut empêcher Satan et l'enfer de s'emparer de cette boue misérable : tout ce qu'elle peut, c'est de s'en aller quand Satan arrive, comme le compagnon de voyage qui se retire lorsque son ami reçoit mauvaise compagnie.

Eh bien ! ma sœur, faisons pour notre

salut ce que la mort viendra faire un jour. Séparons ce qui n'est uni qu'accidentellement; abandonnons notre corps à Satan; Satan sera vaincu, même en remportant la victoire, car nous aurons préservé notre âme.

Voyez-vous donc que, malgré vos efforts, il va s'emparer de vous; vîte, détachez votre âme de cette matière vile, élevez-la à Dieu, et contemplez sa gloire. Voici à quels signes vous la reconnaîtrez :

D'abord, si vous marchez sous la conduite d'Isaïe (*a*), vous verrez les séraphins; vous savez ce que c'est, et si vous ne le savez pas, le voici : Leur forme n'est pas bien déterminée; mais ils ont six ailes. Avec une paire de leurs ailes ils se couvrent la tête, avec une autre les pieds, avec une autre ils volent: ce sont peut-être des espèces d'oiseaux, ils

---

(*a*) Isaïe, chap. 6.

crient : *saint ! saint est l'Eternel !* et comme ils ne disent que cela, et le disent à tout moment, si ce sont des oiseaux, ce sont probablement des perroquets. Les conciles, ni les vicaires du Christ n'ayant rien décidé là-dessus, on peut raisonner sans crainte de la damnation.

Ensuite vous verrez le Père Eternel; c'est un homme assis sur un trône, son manteau royal traîne jusqu'à terre et remplit l'appartement (*a*). Voilà du grand, du sublime, du divin; et l'on ne pourrait rien concevoir de plus beau, si le prophète Ezéchiel n'avait laissé par écrit ce qu'il vit de ses propres yeux, lorsqu'il fut transporté au ciel par un ange, qui le prit par le crâne sans lui offenser le cerveau.

C'est donc sur les pas d'Ezéchiel que doit marcher votre âme dans son ascen-

(*a*) Isaïe, chap. 6.

sion vers le trône de Jehova, et voici les merveilles qui l'attendent (*a*).

Elle verra premièrement des chérubins; ce sont des espèces de bœufs qui ont quatre têtes différentes chacun; (têtes d'homme, de bœuf, d'aigle et de lion); ils ont en outre des pieds de veau: *c'est superbe !* Secondement, elle verra la charrette à laquelle ils sont attelés; elle marche toujours (*b*), ses roues ont une âme; je ne sais si c'est une âme pour toutes, ou une âme pour chacune, mais il est certain qu'elles sont toutes garnies d'yeux, comme une queue de paon: *c'est admirable !!* Troisièmement, elle verra sur la charrette comme du cristal, sur le cristal un trône, sur le trône du feu semblable à de l'acier

---

(*a*) Ezéchiel, chap. 1 et 9.

(*b*) Afin de ne pas confondre cette charrette avec d'autres, observez que ses roues ne tournent pas, quoiqu'elle marche toujours.

rougi, c'est-à-dire, du *hincmal : c'est merveilleux!* Dans ce feu, elle verra... Ici les termes manquent. Elle verra.... Que nous sommes heureux qu'il y ait eu des prophètes pour nous donner de si grandes et de si nobles idées de la Divinité! Récapitulons, crainte d'erreur : sur la charrette du cristal, sur le cristal un trône, sur le trône du feu, dans le feu un homme de feu, du *hincmal!* oh! oh! je ne sais comment exprimer mon ravissement...*Alleluia! oui, alleluia....* (c'est le plus court et le meilleur, l'expression est théologique) Ecriez-vous alors : *alleluia, je vois la gloire de Dieu!...* Vous la verrez, ma sœur, car c'est-là la gloire de Dieu, et Dieu lui-même. Le résultat de cette vue sera de vous faire entrer *en oraison de quiétude;* or, quand on est en oraison de quiétude, Satan peut faire de notre corps tout ce qu'il veut, l'âme n'y est plus, elle est unie au Père Eternel, à son Fils, notre Seigneur Jésus, au Saint-Esprit, à la Vierge Marie et au bon Larron, lequel est assis à la droite de la Très-Sainte-Trinité; en un mot, quand on est en oraison de quiétude, on est en état parfait de grâce (1).

---

(1) Molinos, prêtre espagnol, passe pour l'inventeur du quiétisme. Il consiste « à s'anéantir » soi-même pour s'unir à Dieu, et demeurer ensuite dans une parfaite quiétude, c'est-à-dire, » dans une simple contemplation, sans faire aucune réflexion et sans se troubler en aucune » sorte de ce qui peut arriver au corps. »

On dit que Molinos était un saint prêtre, mais il eut de bien mauvais disciples. On connaît l'histoire du Jésuite *Girard* avec *La Cadière*. En Espagne, l'art fut poussé au plus haut point de perfection; en voici la preuve :

La religieuse dona Agenda de Luna (en 1712) avait des extases, et faisait des miracles, au dire du bon Jean de Longal, du Provincial, et de beaucoup d'autres religieux. *Jean de la Vega*, provincial des Carmes, était son directeur spirituel, et en avait eu cinq enfans. On le nommait *l'extatique;* il avait corrompu d'autres religieuses en leur faisant croire que ce qu'il

A peine eut-il achevé ce discours, qu'il s'écria : Mon âme va s'exalter ! Sentez-vous venir le serpent ? Je le sens, répondit-elle. — Exaltez-vous ; cherchez la gloire céleste ; entrez *en oraison de quiétude*, et dites *alleluia*, quand vous y serez.

Alleluia ! s'écria bientôt après la pélerine. *Alleluia !* s'écria le bon moine.

Ainsi l'ange des ténèbres fut vaincu,

---

conseillait était la véritable vertu. Les moines, ses complices, publiaient qu'il n'y avait pas de religieux plus ami de la pénitence que lui.

« *Dona Vicenta* de Loya, nièce de la mère *Agenda*, fut reçue à neuf ans dans le couvent de Corella, dont sa tante était prieure, elle lui enseigna sa mauvaise doctrine (de Molinos) aidée du provincial *Jean de la Vega*; elle la tenait de ses propres mains, lorsque le Provincial. . . . . afin, disait-elle, que l'œuvre fut plus méritoire aux yeux de Dieu. Dona Vicenta regardait ce qu'elle avait fait comme permis, et avait la plus grande idée de la vertu du Provincial et de sa tante, laquelle d'ailleurs passait pour une sainte. » (*Llorentes ; tom.* IV, *f.* 37.)

les enfers frémirent. Les philosophes sont désespérés, et vous, mes frères, vous êtes édifiés.

Ce n'est pas qu'il ne vaille mieux chasser le malin de son corps : nous vous exhortons à lui enlever même cette matière vile ; vous la lui enlèverez, si vous obtenez les grâces d'en-haut, et vous les obtiendrez, si vous employez les moyens nécessaires ; il y en a de plusieurs sortes :

Les petits, les grands, et les majeurs ou immanquables.

Les petits sont : la charité, l'amour de Dieu et du prochain manifesté par la prière, l'aumône, et l'observation des commandemens de Dieu.

Les grands sont : la foi, la fréquente communion, la discipline, les neuvaines, les ex-*voto*, la portioncule dernièrement publiée, l'observation stricte des commandemens de l'Eglise, et la lecture de la *Quotidienne*.

Les majeurs ou immanquables sont : l'extirpation des hérésies, et les libéralités en faveur de l'Eglise.

Les hérésies s'extirpent par la déconfiture des hérétiques. On y parvient par divers procédés, selon les temps et les lieux : on n'a pas toujours la douceur de vivre aux siècles des dragonnades ou de la Saint-Barthélemy ; mais Dieu n'abandonne jamais en entier son Eglise. En Espagne, on peut se faire inquisiteur, ou familier du saint-office. En Allemagne, on court sur les juifs, en attendant de pouvoir courir sur les évangéliques. En France, on se fait juge d'exception, quand le bon Dieu permet qu'il y en ait ; ou Juré, quand le préfet est bon. A Nîmes, on se joint aux fidèles ; et on extirpe par le fer et par le feu. A Paris, si l'on est député et qu'un jacobin dénonce les massacres (*a*), on lui

(*a*) Lors de l'admirable séance des *introu-*

donne un démenti, on le rappelle à l'ordre; si l'on est ministre et présent à la séance, on laisse vexer le jacobin. Ainsi l'on extirpe ou l'on participe à l'extirpation autant qu'on le peut; l'Agneau n'en demande pas davantage jusqu'au moment où la vérité aura détruit le mensonge, et où il n'y aura plus qu'un Dieu, une foi, une loi, comme il a été décidé.

Enfin, si le Gouvernement empêche d'extirper, on enrichit l'Eglise; ce moyen vaut presque l'autre. Donc, mes frères, si vous donnez beaucoup à cette sainte mère, et que, semblables à des chiens, *sicut canes*, comme vous l'ordonnent les vicaires-généraux de Paris dans leur

---

vables, quand M. d'Argenson *seul* éleva la voix en faveur des protestans, le scélérat ne voulait pas qu'on exterminât les hérétiques. *Vade retro Satanas !*

admirable Mandement, vous aboyez contre Voltaire et Rousseau, vous devez être sûrs de vaincre le démon; et, dans le cas où vous en seriez vaincus, de n'en être pas moins sauvés pour cela. C'est ce qui justifie l'épithète d'immanquables donnée aux troisièmes moyens.

Ainsi s'écoula cette nuit théologique. Le lendemain, au moment du départ, la famille de leur hôte bordait leur passage. Pères! s'écria le chef de la famille; ô vous qui passez la nuit sans dormir pour louer Dieu, donnez-nous votre bénédiction! Il dit, et frappe la terre de son front; et les femmes coupent des morceaux de la robe des pères, reliques sacrées qui doivent garder la maison *de feu, de ruine, et de goutière* (*a*); telle était la foi du bon vieux temps. Le

---

(*a*) Ce sont les expressions des baux à ferme, et les engagemens des colons, dans le midi.

moine leva les yeux au ciel, et versa de dévotes larmes; mais il eut un mouvement d'orgueil : je ne cache point les fautes de mes héros, je suis historien, et non panégyriste.

CHAPITRE VIII.

Leçon de théologie transcendante.

Après déjeûner, ils partirent, le bissac bien fourni, l'outre pleine jusqu'aux bords (le vilain avait pour eux tué ses poules et vidé son broc), le moine sur la mule, Laurette sur un âne, et le vilain à pied; il avait voulu les conduire à la ville voisine, et leur prêter son âne: cette ville, c'était Nîmes, dont le nom est si doux aux cœurs dévots.

Aux environs de Nîmes, le moine eut une heureuse idée. Frère, dit-il à Laurette, vous êtes bien mieux sur un âne que sur une mule hargneuse. Notre Seigneur ne montait que des ânes; ils étaient les chevaux des prophètes, et portaient la cavalerie d'Israël. Une divinité comme vous (le compliment nous paraît trop fort), mérite une bête divine. La théologie m'enseigne le moyen de l'enlever à ce vilain, et de recevoir sur ses épaules la flagellation prescrite par l'abbé.

Vilain, dit-il au paysan, que ne te sers-tu d'une mule au lieu d'un âne! c'est, répondit-il, que j'ai un âne et n'ai pas de mule; eh bien! reprit le moine, j'ai un péché de trop et une mule de reste; veux-tu les échanger contre ton âne? Il suffit que mon jeune frère soit à l'aise; moi, j'ai force chapelles à visiter, madones à adorer, saints à prier, reliques à baiser; d'ailleurs le trajet est court d'ici à la mer, et j'ai fait vœu de le parcourir à pied.

Le troc était bon; le vilain ne se sentait pas de plaisir. Au lieu d'un péché, il en aurait accepté deux, mais il ne concevait pas comment il pourrait se charger du péché d'un autre. — Cela passe tes connaissances, lui dit le moine; tu n'as jamais lu les livres saints et tu as bien fait : c'est une mauvaise lecture; mais moi, je les ai lus, et j'y ai vu que le peuple de Dieu, tout couvert de crimes, s'en déchargeait sur un bouc, le maudissait, et le chassait à coups de bâton dans les bois; dès-lors Israël était sans tache, et le diable ne pouvait emporter qu'un vieux coquin de bouc. Je suis Israël, tu seras le mari de la chèvre; le Père Eternel sera bien plus flatté du sacrifice d'un vilain que d'un bouc; c'est-à-dire d'un animal raisonnable, mais auquel il est défendu de raisonner, et qui ne raisonne pas, plutôt que d'un animal dépourvu de raison. Le diable ne pourra t'emporter, car, au lieu de te maudire, tu expieras de suite mon péché, devenu le tien, et nous serons sauvés tous les deux; après quoi je te bénirai et te donnerai l'absolution et la mule; le tout, moyennant soixante-dix-neuf coups de discipline que tu t'appliqueras sur tes grosses épaules (1).

Point de plaisir sans peine; il y a partout une lieue de mauvais chemin : telles étaient les réflexions du manant; il couvait la mule des yeux : elle était belle, fringante et leste; avec elle il ne serait

(1) La flagellation volontaire, pour expier les péchés d'autrui, peut avoir été inspirée par l'exemple de Jésus-Christ, mourant pour expier le péché du premier homme.

En 1260, pendant les guerres des Guelphes et des Gibelins, le dominicain Rainier se flagellait pour apaiser Dieu.

Saint Dominique l'encuirassé se distingua le plus dans cette partie. Vingt psautiers récités, en se donnant la discipline, acquittaient cent ans de pénitence.

Trois mille coups valent un an, mille pour dix psaumes.

Il acquittait cette dette en six jours; ainsi, selon ses calculs, il pouvait en un an sauver soixante âmes de l'enfer.

plus obligé de porter le faix ou de traîner la charrue ; il la prêterait au voisin moyennant un prix raisonnable ; de cet argent, il achèterait maint outil ; son champ, mieux travaillé, lui rapporterait au double ; le voilà riche, lui, sa femme et ses enfans ; et puis, au bout de quelques dix ans, il la donnerait en dot à sa fille ; c'est encore le conte de Perrette et du pot au lait ; à la vérité, la mule avait peut-être bien certains défauts qu'on aurait remarqués en foire, mais y a-t-il une mule parfaite ? Les défauts ne le dégoûtaient donc pas de la mule, mais soixante-dix-neuf coups de discipline !... il en frémissait de toute la largeur de ses épaules... Heureusement il se souvint d'une demi-douzaine de soufflets dont, l'autre jour, l'avait régalé monseigneur, et qu'il avait reçus barrette ou bonnet à la main, de quelques coups de pied ajoutés aux soufflets par les laquais de monseigneur, et qu'il avait endurés sans souffler, et des coups de dents ajoutés aux soufflets et aux coups de pied, par les chiens de monseigneur, excités par monseigneur et ses laquais, et contre lesquels il n'avait osé se défendre, et il en conclut, fort sensément, que s'il avait été rossé, souffletté et mordu l'autre fois, et pouvait l'être à tout moment par monseigneur, ses valets et leurs chiens, et cela sans utilité pour lui et malgré lui, il serait bien sot de ne pas consentir à quelques coups d'étrivières qui devaient lui faire gagner d'abord une mule, ensuite du pain, enfin le dispenser de travailler, et contribuer à marier sa fille; il hésitait encore, mais certain qu'il se fustigerait lui-même : le marché est conclu! s'écria-t-il; je me donnerai soixante-dix-neuf coups de discipline, mais parbleu je suis un de mes bons amis, et je sais à quoi l'amitié nous engage. Le moine se prit à rire; il détacha sa discipline et la remit au vilain; et le vilain, les yeux fixés sur la mule, et repassant dans sa tête tous ses beaux projets, se déshabilla jusqu'à la ceinture. Les pélerins récitaient leurs patenôtres et se préparaient à compter les coups expiatoires par les grains de leurs chapelets.

Au second coup, le vilain fit une réflexion nouvelle; il avait vécu longues années avec son âne; ils s'aimaient: sa femme le gronderait s'il revenait sans lui. D'ailleurs, qui porterait ses petits enfans? deux paniers en travers sur la tranquille monture les contenaient tous quatre, et Javote au milieu. Tout bien considéré, il ne pouvait se passer de son âne, même il lui devenait beaucoup plus nécessaire depuis qu'il avait une mule... O cœur de l'homme! Le vilain ne voulut pas continuer l'expiation, s'il ne ramenait son âne au logis. A cela ne tienne, répondit le moine, tu auras, tu emmeneras l'âne comme la mule,

Le vilain continua donc à se fustiger.

A mesure que les coups tombaient sur ses épaules, le front sourcilleux du saint homme s'éclaircissait; mais ce front, à moitié serein, se rembrunit de nouveau; la main du patient s'était affaiblie; la discipline tombait ou plutôt se reposait mollement sur ses épaules. Qu'est-ce donc! s'écria le moine, je te donne une mule et un âne pour que tu me remettes dans le sentier du Paradis, et tu me laisses en enfer et tu y vas toi-même! La charité m'ordonne de te sauver malgré toi; tu entreras et j'entrerai à ta suite.— Mon frère, dit-il alors à Laurette, forçons-le d'entrer : c'est une œuvre pie. Aussitôt il détache la corde qui ceignait ses larges reins, pousse le serf contre un arbre, le lie au tronc; prend sa discipline, arme Laurette d'un bâton remarquable par sa molle élasticité, et dit au vilain,

« Mon frère, Dieu dit aux apôtres : *allez, et instruisez la terre.*

« Je suis un successeur des apôtres, vous avez besoin d'instruction, et je vais vous dire de quoi il s'agit; vous profiterez de mes leçons; car, si je suis devant vous, dans la chaire évangélique, vous êtes devant moi, pieds et poings liés, mes mains sont armées d'une bonne discipline, et je vous en donnerai sur le dos jusqu'à ce que vous soyez dedans; mes confrères ne peuvent pas toujours traiter ainsi les hérétiques, les infidèles et les philosophes; aussi vont-ils en enfer, et vous irez au ciel en récompense de votre docilité. »

« Dieu nous a donc institués, comme je vous l'ai déjà dit, pour vous intimer ses ordres, et ensuite, comme votre pasteur ne vous l'a pas caché, pour dîmer dans vos terres et vivre du produit de vos travaux. Donc il résulte, du cas où nous nous trouvons, un droit pour vous et un droit pour moi, un devoir pour moi et un devoir pour vous. Il y a égalité parfaite, car l'Évangile proscrit les contrats léonins.

« Voici nos droits et nos devoirs :

« *Premier principe.* Tout appartient à l'Église. *Conséquence*, votre âne fait partie du tout, donc il appartient à l'Église ; je représente ici l'Église, comme l'Église représente Dieu ; *donc* votre âne est à moi. Tel est mon droit. »

« Si vous êtes bon catholique, vous êtes obligé d'en convenir ; si vous êtes hérétique, vous direz que j'en ai menti ; dans tous les cas, je prendrai toujours votre âne ; car, si vous êtes catholique, vous me le laisserez prendre, et si vous êtes hérétique, je vous exterminerai, je mettrai vos biens en proie, je confisquerai tout ce que je pourrai enlever, et je brûlerai ou détruirai tout le reste. »

« *Deuxième principe.* Nous avons été institués pour vous annoncer la parole de Dieu. *Conséquence*, vous pouvez me demander de vous la faire connaître. Voilà votre droit. »

« Je suis obligé de vous l'annoncer, voilà mon devoir; vous êtes obligé de me croire, voilà le vôtre. »

« C'est admirable. La sainte mère Église est une bonne mère, comme vous voyez bien, et nous de bien bons pères, comme vous voyez encore mieux. »

« J'ai pris votre âne, je vous ai attaché à l'arbre d'après mon droit; je vais remplir mon devoir en vous expliquant la sainte parole du Dieu d'Isaac et de Jacob. »

« Notre traité nous lie, non d'après cet axiôme, un honnête homme n'a que sa parole; décision mal sonnante(*a*); mais d'après le Lévitique, chap. 19, versets 35 et 36, où il est dit: vous aurez des poids et des balances justes, et, au chapitre précédent, verset 11 : « vous ne dé-

---

(*a*) Mal sonnante, car d'après elle on ne pourrait manquer de foi aux hérétiques, c'est-à-dire, le ciel pourrait être lié par l'enfer.

» nierez point la chose à qui elle appar-
» tient, » *il m'appartient* que vous vous appliquiez soixante et dix-neuf coups de discipline; mais vos poids doivent être justes, c'est-à-dire, vos épaules doivent être fustigées comme celles d'un pécheur, et non pas seulement pour la forme. *Il vous appartient*, à vous, que je vous donne ma mule et mon âne. »

« Si vous les emmeniez chez vous, sans vous être acquitté de vos engagemens, ce serait comme si vous m'aviez donné de la fausse monnaie, vous commettriez un vol; vous seriez damné. »

« Les crimes se suivent, vous vous ingérez d'interpréter les écritures, et vous les interprétez mal; c'est pourquoi je suis, en conscience, obligé de vous brûler, et je vous brûlerais j'avais un fagot, afin de venger la gloire de Dieu outragée, et les lois de l'Eglise méconnues. Vous avez dit : il faut faire du bien à ses ennemis, à plus forte raison, en faut-il faire à ses amis; or, je suis mon ami, donc, je dois me fustiger légèrement. Anathème!...mon frère, n'est-il pas écrit: qui bien aime bien châtie? N'est-il pas écrit: aimez votre prochain comme vous-même, c'est la loi et les prophètes? Donc, puisque mon péché est devenu le vôtre, que pour en obtenir le pardon, vous devez vous châtier rudement, et ne le faites pas; moi, je dois vous châtier, vous, mon prochain, par amour pour vous. Me préserve le Ciel d'oublier jamais ni les prophètes, ni la loi! »

« Tels sont, mon frère, nos droits et nos devoirs, et continuant à accomplir mes obligations envers Dieu et envers vous, je vais, après avoir employé le glaive de la parole, employer la douce violence dont parlait Notre Seigneur pour obliger d'entrer dans la salle du festin ceux qui erraient devant la porte. La salle du festin, c'est l'Eglise; vous, vous êtes au nombre des errans. Moi, en ma qualité de moine, je suis au nombre des apôtres ou des conviés, je suis de la compagnie de Jésus; et puisque vous n'avez pas voulu entrer volontairement, je vais vous battre pour vous forcer d'entrer, et jusqu'à ce que vous soyez bien entré.»

Il dit, et fustige le vilain. Le vilain crie, pleure, blasphême; ces blasphêmes troublent le bon moine, il oublie le nombre des coups donnés; il recommence crainte d'erreur. Enfin la pénitence est accomplie, le vilain a perdu connaissance, mais son âme est sauvée. On l'a forcé d'entrer, et nos pélerins eux-mêmes sont rentrés dans leur pureté primitive.

Laurette se voyait pourtant avec peine obligée de poursuivre sa route à pied. Son compagnon la remonta sur l'âne, se mit sur la mule, et ils détalèrent emmenant la mule et l'âne, au grand étonnement de Laurette.

La théologie est une chose merveilleuse, lui dit le Casuiste. Si l'on savait quels trésors renferme cette science, on abandonnerait toute autre étude. Mais, pour s'en occuper fructueusement, il faut être soutenu par la grâce, je le suis; je veux faire un traité sur la conscience. Je montrerai comment, en biaisant, on peut marcher dans la route des plaisirs sans tomber dans l'abîme dont elle est bordée; je ferai voir le point jusqu'où l'on peut aller dans le péché véniel sans toucher au péché mortel, qui lui est uni; j'enseignerai l'art de ne rien faire de contraire à nos intérêts ou à nos plaisirs, ou plutôt l'art de faire tout ce que nous inspirent nos plaisirs et nos intérêts, sans être retenus par nos sermens, les écritures, ni les commandemens de Dieu.

LAURETTE.

Quoi, mon frère! si j'entendais cela

d'une autre bouche, je croirais entendre le diable, et je me signerais.

LE MOINE.

Vous feriez bien : c'est aussi le langage du diable; mais Satan mène dans l'abîme, et je conduis au ciel.

LAURETTE.

Comment cela!

LE MOINE.

Par le moyen de la théologie. Je veux faire de vous un sujet; je veux vous mettre à même de prêcher une mission pour votre compte.

Quand j'ai dit, continua le moine, malgré nos sermens, les écritures et les commandemens de Dieu, j'ai voulu dire *en apparence, malgré* : ou bien mieux encore; en *conséquence* de nos sermens, des écritures et des commandemens de Dieu; car ni les uns ni les autres ne signifient jamais pour nous et le doux agneau, ce qu'ils signifient pour le vulgaire et les parties intéressées.

LAURETTE.

Mais, mon frère, on pourra vous taxer de perfidie.

LE MOINE.

Qui? les philosophes : Qu'importe! tout ce que nous faisons est, *ad majorem Dei gloriam*, à la plus grande gloire de Dieu; et nous ne sommes nullement perfides, car tout le monde est averti.

LAURETTE.

Avez-vous dit au vilain que vous garderiez son âne?

LE MOINE.

L'Eglise le lui avait dit pour moi. Cette sainte mère a publié et publie par des millions de bouche que les traités faits avec les hérétiques sont nuls et n'engagent jamais les fidèles (1).

---

(1) En 755, on commence à croire que tout excommunié est infâme, et qu'on ne peut traiter avec lui sans partager son infamie; ce n'est qu'une opinion, mais voici la loi :

Alexandre IIIe excommunie les hérétiques par une bulle, et déclare libres de leurs engagemens ceux qui en ont pris avec eux.

Les parlemens avaient pour jurisprudence, que les traités avec les hérétiques, faits par les Rois, n'étaient pas obligatoires.

Les Parlemens ordonnèrent de courir sus contre les hérétiques, et de les tuer partout où on les trouverait. L'Histoire de France n'est pas écrite encore. Il est à désirer qu'une plume courageuse flétrisse enfin tous les misérables qui, pendant de si longs siècles, firent les destinées d'une nation si malheureuse.

Les Papes prétendent avoir le droit de délier les sujets du serment de fidélité; mais ils s'attribuent aussi le droit de délier les Rois de leurs sermens envers les peuples.

Ferdinand y fut dispensé par le Pape du serment qu'il avait fait d'observer les constitutions de l'Aragon.

La cour de Rome *dissimule*, mais n'aban-

LAURETTE.

Il n'était pas hérétique.

LE MOINE.

Il l'était, puisqu'il osait interpréter un passage des écritures; il l'était, puisqu'il osait traiter avec moi. Ceci vous étonne, et en étonnerait bien d'autres; je suis ferme sur les principes, et j'en déduis rigidement les conséquences. L'Eglise ne les avoue pas toutes. Moi, je ne vous cache rien; car je vous élève pour la propagande.

L'Eglise soutient qu'elle représente Dieu; or, traiter avec elle, lui accor-

---

donne jamais ses prétentions. Elle se croirait certainement le droit de dispenser un Roi de France de tenir son serment de fidélité à la Charte.

Est-il rien de plus immoral que l'existence d'une autorité qui a le prétendu droit de permettre de violer ses sermens et ses devoirs?

der telle ou telle chose, n'est-ce pas la dépouiller de la chose qu'on lui refuse?

LAURETTE.

Mais, si elle fait un traité, elle consent.

LE MOINE.

Anathème! elle ne peut consentir. Si elle consentait, elle serait l'hérésie, et non l'Eglise, puisqu'elle détrônerait Dieu, en quelque manière, en mettant des bornes à son pouvoir. Elle est toute puissante, reine des rois, maîtresse absolue de la terre. Ni les peuples, ni les rois, ni elle, ne peuvent faire que cela ne soit pas. Donc, tout traité avec elle est un guet-à-pens, un assassinat, une spoliation, auquel elle consent comme le voyageur qui, de ses propres mains, remet son or aux brigands qui lui tiennent la dague sur la gorge, consent à être volé. Croyez-vous que ce voyageur, eût-il signé un acte par lequel il donnerait son bien aux brigands, ne pourrait pas le reprendre dans l'occasion? Croyez-vous que sa signature constituerait un acte valide, et ses sermens un engagement véritable?

LAURETTE.

Je ne le crois pas.

LE MOINE.

Tout est dit. Donc l'Eglise n'est jamais liée par les traités. Avec les hérétiques, parce que nul ne doit garder la foi aux hérétiques; avec les prétendus fidèles, parce qu'elle ne peut renoncer aux droits de Dieu, c'est-à-dire à la toute-puissance, au despotisme, à l'arbitraire, et que vouloir l'y faire renoncer est un crime de lèze-majesté divine; et ceux qui le commettent sont, pour le moins, hérétiques. Donc je n'avais rien promis et ne pouvais rien promettre; donc j'ai dû garder l'âne et la mule.

LAURETTE.

Oui, si vous étiez l'Eglise.

LE MOINE.

Est-ce vous qui l'êtes?... Répondez.

LAURETTE.

Non.

LE MOINE.

Est-ce le vilain?...

LAURETTE.

Non.

LE MOINE.

Est-ce votre âne!..... Répondez...... Est-ce votre âne?.....

LAURETTE.

Eh non!...

LE MOINE.

Qui donc est ici l'Eglise!

LAURETTE.

Je l'ignore.

LE MOINE.

Il faut pourtant bien qu'elle y soit, puisqu'elle est partout : c'est sans réplique.

Elle est partout, car elle est catholique, ou universelle; dans les pays chrétiens, elle y est de fait; dans les pays infidèles, elle y est de droit; là, elle est comme un monarque légitime, chassé de son royaume, est toujours dans son royaume; quoiqu'à mille lieues de son peuple, il ne l'a pourtant pas quitté; le peuple d'un autre est toujours *sien* : il règne toujours; arrive-t-il dans le royaume un envoyé du maître, cet envoyé prend les rênes du gouvernement de fait, il est le maître même. Or, si l'Eglise est universelle parce qu'elle est partout, elle est nommée aussi romaine parce qu'elle est visible à Rome dans la personne du Saint-Père. Donc, puisqu'elle est partout, elle est ici; et n'y ayant ici que ma mule, vous, votre âne et moi; et n'étant l'Eglise, ni vous, ni la mule, ni l'âne, *c'est moi*, Jérôme Pancrace, *prêtre*, par conséquent successeur des apôtres; *moine*, par conséquent envoyé du pape; *missionnaire*, par conséquent envoyé de Dieu, et chargé d'établir, partout où je porterai mes pas, le gouvernement de fait. *C'est moi* qui suis l'Eglise!

LAURETTE.

Vous, mon frère?

LE MOINE.

Oui, certes, ma sœur; car le Pape est visible en moi, comme l'Eglise est visible en lui; l'Eglise représente Dieu, le Pape représente l'Eglise, je représente le Pape, donc...

LAURETTE.

Donc... vous seriez Dieu !

LE MOINE.

C'est toi qui l'as dit.

LAURETTE.

Anathême !

LE MOINE.

Que diable me demandez-vous aussi! est-ce ma faute, si de conséquence en conséquence la raison arrive à cette conclusion ! Je suis aux droits de Dieu, voilà tout; mais, sans contestation, je suis plus qu'un homme; je suis une divinité; j'ai mon brevet dans ma capuche. Le Saint-Père nous a déifiés à Nîmes; il a élevé tous les moines au rang des anges; que dis-je, des anges! il nous a déclarés *séraphins* (*a*) : je vous montrerai

---

(*a*) Historique. (*Voyez la troisième partie.*)

na patente. Revenons à notre sujet : je uis donc l'Eglise pour vous et les simles mortels, c'est-à-dire les laïques; nais pour l'Eglise elle-même, je suis un oldat dévoué prêt à prendre la torche ou le glaive pour brûler ou exterminer es ennemis de mon maître, c'est-à-dire le Dieu, c'est-à-dire de la sainte-mère, c'est-à-dire du saint-père, c'est-à-dire lu général de mon ordre, de mon proincial, de mon abbé, et de tous ceux qui sont placés avant moi dans les rangs le l'armée céleste, autrement dite l'Église militante.

LAURETTE.

Que répondriez-vous, si je vous disais que...

LE MOINE.

Que vous êtes une hérétique.

LAURETTE.

Je me tais.

LE MOINE.

Vous serez sauvée: je vais ôter tous vos doutes. Indépendamment des règles générales d'après lesquelles l'Eglise n'est pas obligée de tenir ses promesses, apprenez que je ne me suis pas engagé à donner au vilain ni l'âne ni la mule; j'ai, par une restriction mentale, ajouté : *je te les donnerai, quand je ne saurai plus qu'en faire.* Vous voyez donc que je suis fidèle au contrat.

LAURETTE.

Le vilain, vous a-t-il entendu?

LE MOINE.

Dieu entend tout; pourvu que je fasse mon salut, le reste m'est indifférent.

LAURETTE.

On appelle cela de la morale relâchée; et beaucoup de théologiens, dit-on, la condamnent.

LE MOINE.

Il le faut; mais voulez-vous savoir la vérité? Voyez la conduite du Saint-Père; un roi propose-t-il un concordat? le Pape se fait long-temps tirer les oreilles sur tel ou tel article : on lui donne des raisons bonnes ou mauvaises; enfin, il fait lui-même des propositions : on les accepte, on est d'accord, on signe. Qu'arrive-t-il? le roi est bien engagé, mais le Pape ne l'est pas; il a, tout en signant, fait une protestation secrète : elle paraît quand il en est temps, et prouve que le Pape n'a consenti à rien. N'est-ce pas là une restriction mentale, et douterez-vous maintenant des principes de l'Eglise?

LAURETTE.

Non, mon frère; vous vous êtes conduit très-conséquemment; mais si l'on n'est pas lié par les sermens, on l'est par les écritures.

LE MOINE.

Oui et non : oui, parce que les écritures sont la loi commune; non, parce qu'ayant le droit de les expliquer, nous les expliquons comme nous voulons, c'est-à-dire d'après les lumières du Saint-Esprit; car il faut toujours bien déterminer le sens de nos paroles, à cause des philosophes. Notre volonté est donc, en définitif, notre seule loi : c'est notre loi particulière.

LAURETTE.

J'en conviens, quant aux écritures, mais du moins les commandemens de Dieu vous obligent.

LE MOINE.

Oui, quand ils ne sont pas contraires aux commandemens de l'Eglise, puisque Dieu ne commande que ce que l'Eglise ordonne.

LAURETTE.

Mon frère, quand on n'est pas théologien, on pourrait être effrayé des conséquences de ces principes catholiques; et je suis étonnée qu'il n'y ait pas des hommes inspirés par Satan qui cherchent à vous chasser de l'Univers.

LE MOINE.

C'est bien ce que voudraient faire les infidèles, mais nous leur faisons la guerre et nous les exterminons.

LAURETTE.

Qu'il n'y en ait pas d'autres qui refusent de vous croire.

LE MOINE.

Il y en a : ce sont les hérétiques. Nous les emprisonnons et les brûlons.

LAURETTE.

D'autres, enfin, qui raisonnent contre votre théologie et vos théologiens.

LE MOINE.

Il y en aurait beaucoup, mais dès qu'ils ouvrent la bouche, nous les bâillonnons, et s'ils se fâchent nous les assommons : ce sont les philosophes, race maudite, qui nous donnera bien de la peine.

LAURETTE.

Je dois être missionnaire; vous devez donc tout me dire, qu'en pensez-vous? trouvez-vous cela juste et raisonnable?

LE MOINE.

Oui, pour un chrétien; tellement juste et raisonnable, qu'il est impossible que cela soit autrement, *chrétiennement parlant.*

Toute la religion est dans le vœu que

vous exprimez en récitant votre chapelet : vous dites à Dieu, *Pater noster*, que votre volonté soit faite. Une fois que vous avez convenu que l'Eglise représente Dieu, et qu'elle est visible dans le Pape, vous devez convenir que la volonté du Pape doit être faite. Il ne doit donc y avoir sur la terre de loi que sa volonté. Tout ce qu'il veut est légitime; tout ce qu'il fait est bien : il n'en doit compte à personne, pas même à Dieu; ils sont *un* en volonté; ce que le Pape fait sur la terre, Dieu est obligé de le faire dans le ciel. Si le Pape se trompait, Dieu serait obligé de se tromper. Dieu ne peut se tromper, donc le Pape est infaillible.

Tous ceux qui le contrarient sont donc des misérables, rebelles à Dieu : on les nomme hérétiques; ils sont hors de l'Eglise, conséquemment excommuniés; ils doivent être *retranchés* de l'humanité, selon l'expression des livres saints; et, en attendant, tous les moyens sont bons pour les forcer à faire la volonté du maître.

Tout est au Pape, soit parce qu'il représente Dieu, soit d'après cette parole de Jésus : *Il n'y a qu'un pasteur et qu'un troupeau.*

Il s'ensuit que les hommes sont des moutons, et que la terre est un pâturage.

Le pasteur, c'est le Pape, et nous sommes ses aides-bergers.

Le pasteur est propriétaire du pâturage; donc la terre où l'homme pâture est au Pape.

Le troupeau est également la propriété du pasteur; donc les hommes sont la propriété du Pape.

Le pasteur et ses aides ont le droit de traire, de tondre ou de tuer leurs bêtes; donc nous avons le droit de traire, de tondre ou de tuer les nôtres, selon que cela nous est le plus avantageux.

Par exemple : une brebis, c'est-à-dire

un hérétique ou un philosophe, refuse-t-elle de nous donner son lait ou sa laine, de se laisser tondre et traire, nous avons le droit incontestable de l'assommer, nous le devons même, pour le bien de tout le troupeau. L'exemple, s'il n'était puni, deviendrait contagieux; il se formerait plusieurs troupeaux; vous connaissez l'habitude des moutons : un de ces messieurs saute-t-il un fossé, tous les autres le sautent après lui. Voilà pourquoi l'Eglise extirpe les hérétiques, les philosophes et les infidèles, et cela est fort raisonnable, juste et naturel.

Ce qu'il y a de merveilleux, c'est que l'Eglise a trouvé le moyen de faire tuer les moutons par les moutons; et c'est ici qu'il faut admirer le Saint-Esprit qui l'inspire, et Jehovah qui la protège, et Dieu le fils qui marche à sa tête; et chanter les louanges de la très-sainte Trinité, sans oublier celles de la mère de Dieu.

A ces mots, le dévot personnage se mit à chanter tendrement les louanges du Seigneur; et Laurette, édifiée, cherchait à inculquer dans sa mémoire, malheureusement trop rebelle, les discours orthodoxes du bon moine.

CHAPITRE IX.

Scandale puni.

Tant de science et de dévoûment à l'Eglise irritèrent de plus en plus l'ange des ténèbres; il attroupa grand nombre de serfs auprès de l'arbre où l'autre serf venait d'expier un péché et de perdre un âne. Cette multitude courut après nos pélerins en blasphémant, et les atteignit comme ils faisaient retentir les échos des louanges du Seigneur-Dieu.

Le moine reconnaissant l'œuvre du diable, recourut aux armes spirituelles, fit le signe de la croix, et bénit ces esclaves mutinés; l'éclair est moins prompt.....; le blasphême expire dans leur bouche; ils tombent aux genoux du missionnaire, et joignent leurs chants à ses chants. O quel spectacle sublime Poëtes, prosateurs, théologiens, prenez la plume, représentez le serf fustigé par le repentir, le péché fuyant devant la pénitence, et plus loin cette foule armée de piques et de fourches, oubliant sa rage, et chantant les louanges de Jehovah !

Ainsi, pourrez-vous dire, ainsi les flots de la mer s'enflent, s'élèvent, mugissent et se précipitent sur la rive....; qui pourra leur résister? Un grain de sable.... Vagues impétueuses retombez vers les mers, le doigt de l'Eternel écrivit sur ce sable : *Vous n'irez pas plus loin....*

Au milieu de ce peuple contenu comme les flots, vous peindrez le bon moine sur sa mule, entre l'outre et le bissac, distribuant des bénédictions, et répondant à l'injure par la prière; merveilleux exemple de charité chrétienne; vous montrerez la céleste auréole entourant le capuchon du frère ; *le Grand Célibataire des Mondes*, ou *l'Ancien des jours*, pour ne pas dire Dieu, car, à défaut d'idées neuves, il faut employer de nouvelles combinaisons de mots, replongera Satan dans l'abîme. Alors on entendra *la voix des vents*; alors *les épouvantemens de la mort* ramèneront tous les cœurs aux sentimens orthodoxes, et la vierge des déserts arrosera de quelques larmes cette scène poétique et catholique. Je dis la vierge des déserts, car Laurette pleure sur son âne.

Ce morceau d'éloquence fera fort bien dans un chapitre sur les mystères, dans une thèse, dans un mandement, et dans un roman.

La religion triomphait; mais certains hérétiques aux genoux roides se relevèrent subitement, et les mots d'hypocrite et de coquin sortirent de leur bouche. Le fils du flagellé saisit le licol de l'âne, et désarçonna Laurette d'un coup de main; elle tomba, mais en tombant elle donna des preuves certaines aux yeux des vilains que les femmes marchaient aussi sous les célestes bannières à la conquête de la Palestine. Il y eut du scandale, mais la belle n'en fut pas témoin; sa pudeur fut mise à couvert; la pudeur est le rouge qui monte au front, et son front était caché par le froc.

Cependant son directeur volait à son secours. Le secret de leur pélerinage était encore inconnu. Baissez le froc, disait-il à Laurette; fermez les yeux! criait-il aux vilains. Hélas! Laurette ne put obéir, et les vilains restèrent les yeux ouverts. Malheur! ajoute alors le moine, malheur à celui qui donnera du scandale à ses frères; il sera extirpé, comme il est écrit: Si votre œil est un sujet de scandale, arrachez votre œil. Il dit, et assène sur la tête du coupable un coup de bourdon; ensuite il lui enfonce dans le sein le fer pointu par lequel le bourdon est terminé; le sang coule, et l'hérétique meurt sans confession, par conséquent meurt damné. Mortels, respectez les moines!

A cette vue, les vilains osent porter les mains sur l'homme de Dieu! Hélas! il les laisse faire; il voit son crime, et frémit. Les hérétiques l'accablent d'injures; et lui, se frappant la poitrine, récitant son *mea culpa*, criant à tous les saints: *Ora pro nobis!* disait parfois à ses ennemis: « Frères, liez ces mains coupables; frappez-moi la joue droite, après, la joue gauche, afin que s'accomplissent à mon égard ces paroles de Notre Seigneur : « Si l'on vous frappe sur la joue » droite, présentez-leur la gauche. » Les barbares le lièrent sur la mule, affublèrent Laurette d'une coiffe, déposèrent le mort sur un brancard, et conduisirent le tout à Nîmes, se proposant d'y demander justice à la Justice.... de Nîmes!

CHAPITRE X.

Les Juges d'Alais dans le XIme *siècle,* ou *la Justice de ce temps-là.*

Les vilains se flattaient de voir Laurette rendue à ses parens, la mule et l'âne à leur camarade, et de voir pendre le moine : ils demandèrent justice, ils l'obtinrent.

A leur arrivée dans la ville catholique, les orthodoxes accoururent armés de torches, de fourches, de couteaux, et demandèrent qu'y a-t-il? La religion est menacée, répondit une voix; les vilains des montagnes, gens laborieux et riches, se sont révoltés contre les moines et le prince. — Anathême!

Anathême! répondirent les orthodoxes; vengeons Dieu! Les biens des hérétiques sont-ils livrés en proie? —

Ils le sont.... A ces mots, ils courent sur les hérétiques, les frappent, les tuent; enfoncent les maisons, les brûlent ou les démolisent; désenterrent les morts, jettent leurs cendres à la voirie; fouettent les femmes avec des battoirs armés de clous (*a*), et chantent le *Te Deum*, accompagné des cris de *vive, vive le comte de Toulouse!* En même temps ils demandent aussi justice des hérétiques. La justice de Nîmes arrive avec les officiers du comte de Toulouse; ceux-ci font emprisonner les hérétiques, et celle-là, après avoir applaudi au zèle de

(*a*) On ignore si c'est par instinct seulement, ou par imitation des merveilles contenues dans notre Chronique, que les braves Nîmois de 1815 traitent ainsi les protestans. Il y a même du perfectionnement dans le procédé; car les défenseurs de l'autel et du trône, quand ils ont envoyé un hérétique en enfer, se prennent par la main, hommes et femmes, font le branle et dansent autour du cadavre, en criant *vive le Roi!* et en plein jour.

ces dignes représentans du souverain, envoie prier les *juges d'Alais*, fameux dans tous les pays, de venir l'aider de leurs lumières.

La justice d'Alais (*a*) fit son entrée à Nîmes, aux acclamations générales, conduite par son chef, qui n'avait pas autant d'esprit qu'il était gros, et suivie d'une horde de prétendus avocats et procureurs.

On plaida. Le moine et ses avocats pérorèrent longuement. On ôta la parole aux vilains : il est dangereux de laisser parler les hérétiques; d'ailleurs, devant des juges épurés, les coupables ne sont-ils pas jugés d'avance ? Les raisonnemens peuvent-ils faire que le mensonge soit la vérité ? Point de raisonnemens ni de raisonneurs; ainsi pensait la justice d'Alais.

Messieurs, dit le substitut, vous me

(*a*) Ville du département du Gard.

connaissez, et je vous connais; vous savez ce que je pourrais vous dire, et je sais ce que vous allez faire : je m'en rapporte à votre jurisprudence, établie par vos nombreux arrêts.

Il est vrai, dirent les juges, il n'y a qu'un point à éclaircir : quel est le parti le plus fort? ... Il faut des témoins en faveur de la bonne cause, ajouta le substitut. A ces mots, des avocats et des procureurs déposent des faits qu'ils n'ont pas vus, et jurent, éclairés par le Saint-Esprit, que les égorgés étaient des assassins, et les pillés des voleurs. Vous aurez des places, leur dit-on. Monseigneur, répartit un avocat, le procureur fiscal n'a pas adopté votre jurisprudence, c'est pourquoi vous l'avez dénoncé; — je l'ai dénoncé. S'il venait à être assassiné aurais-je la place? Certes, lui répondit la Cour, lui mort, elle serait vacante; votre zèle est connu, et monseigneur le comte de Toulouse ne saurait mieux nous compléter que par vous.

Alors les juges opinèrent, et le chef prononça le jugement suivant :

La Cour :

Lecture faite de la loi contenue dans le psaume 109, ainsi conçue :

« Quand on le jugera, il sera déclaré » *méchant*, sa prière lui tournera en » péché, sa vie sera courte, sa maison » sera détruite, ses enfans seront er» rans, et nul n'en aura pitié ; sa posté» rité sera retranchée. »

D'où il suit que les ennemis de l'Église doivent être condamnés toutes les fois qu'ils plaident (1).

Par ces motifs, déclare les vilains des

---

(1) Ferdinand et Isabelle accordèrent un tiers des biens des juifs rentrés en Espagne, même convertis, même *porteurs de sauf-conduits*, au juge qui prononcerait la confiscation ; et condamnèrent aux peines encourues par les

montagnes, et les riches bourgeois *méchans;* déclare leur prière, ou requête,

---

juifs, les juges *qui ne les condamneraient pas.* Et l'on trouva des juges!...

Le Parlement de Paris mit en jugement deux protestans échappés de la boucherie de *la Saint-Barthélemy*, les condamna comme auteurs ou complices de *la révolte* des protestans dans ce saint jour, et les fit pendre. Opposons aux forfaits de ces barbares, couverts de la toge sénatoriale, la conduite du bourreau de Lyon, qui refusa de tuer les protestans. Les crimes de la magistrature datent de son *épuration* par Henri II; depuis lors, la justice ne fut plus qu'un brigandage. Sous François II, il y avait dans chaque Parlement une *chambre ardente* qui faisait brûler tous les hérétiques qu'elle pouvait trouver. L'inquisiteur Democharès, à Paris, les allait chercher jusque dans les caves. Enfin, et c'est le jésuite *Maimbourg* qui le dit : « les Parlemens autorisèrent les catholiques à courir sus, aux huguenots, et à les tuer sans miséricorde comme des bêtes féroces, des chiens et des loups enragés. » Les derniers jours des Parlemens furent marqués, à Paris, par le supplice de *Labarre*; à Toulouse, par celui de *Calas*.

leur être tournée en péché, et les condamne à mort (1).

Ordonne que leurs maisons seront détruites; après avoir été préalablement pillées, selon les us et coutumes du pays; bannit leurs enfans; leur or-

---

(1) Dans les premiers temps de la réforme, le peuple de Paris massacra les protestans, parce que dans leurs assemblées ils mangeaient les petits enfans rôtis à la broche; et après ces festins éteignaient les flambeaux et se mêlaient hommes et femmes. *La justice* vint au secours du peuple, et fit pendre ceux qu'on n'avait pas massacrés.

Comment le peuple ne l'aurait-il pas cru? un édit de *François* II porte que, *sous prétexte de religion, ils faisaient, dans ces assemblées, des cas si vilains, si infâmes et si détestables, qu'on ne saurait y penser sans en être offensé.* Il ordonne de démolir les maisons où ces assemblées auraient eu lieu, et défend de les rétablir. — Quel Roi! et quels juges!

Un misérable capelan, nommé Soulié, osa, pendant les dragonnades, se prévaloir de cet édit contre les protestans. Voir *Soulié, Histoire du Calvinisme*.

donne de cacher leurs larmes, lesquelles si elles sont aperçues, seront punies comme *cris séditieux dissimulés* et *provocations indirectes.* (1)

Adjuge l'âne et la mule au moine, et se recommande à ses prières.

A peine la condamnation des criminels est-elle prononcée, l'ange exterminateur se précipite (*a*) sur les hérétiques; les fidèles le suivent, et l'extermination commence. En même temps cinq paires d'oreilles d'âne se reposent

---

(*a*) Cela arriva également lors de la Saint-Barthélemy, Dieu envoya son ange, armé du glaive exterminateur et de la croix; l'ange marchait à la tête des héros catholiques, et égorgeait tout ce qu'il rencontrait. Ce fait est prouvé par la médaille que le Pape fit frapper pour éterniser la mémoire de cette sainte extermination; on y voit l'ange égorgeant les hérétiques. Autour est écrit : *Massacre des Huguenots.*

(1) J'ai lu cela quelque part.

sur la tête des juges. Eh quoi! s'écrièrent les philosophes, vous en convenez, ces juges étaient des ânes! Oui, certes, nous en convenons, ils étaient des ânes. Quelle gloire pour eux!....

CHAPITRE XI.

Suite de la théologie transcendante.

L'EXTERMINATION terminée, la justice d'Alais reprit le chemin des montagnes, et les pélerins partirent pour Aigues-mortes.

La mule et le moine, Laurette et l'âne se trouvant enfin réunis, le plus savant prit la parole : Mon frère, dit le baudet (il parla); mon frère, *Dieu protège ceux qui font vœu d'être siens ;* j'y pensais, répondit le moine; je commets un péché, l'on me condamne à me donner soixante-dix-neuf coups de fouet, un vilain n'a pas assez d'un âne, et veut avoir une mule ; eh bien, je consulte la théologie, et je trouve le moyen de m'emparer de l'âne, de garder la mule, de me délivrer de mon crime, et de donner cent coups de fouet et plus à celui qui n'avait pas péché ; son fils veut prendre sa défense, je le tue ; ses amis demandent justice, on les pend ; et tandis que les morts sont en enfer, que le vilain, moulu de coups, gémit sur son fumier, moi, sain et sauf, je m'en vais à la conquête de la Palestine. Je ne vous cacherai point, ajouta Laurette, que je tremblais pour vous, et que je m'attendais à un tout autre jugement ; et même il me semble que je n'aurais pas ainsi jugé. —J'en suis sûr, vous vous seriez laissée conduire par la raison, mais l'Éternel a, pour le triomphe de la bonne cause, suscité ces cinq imbécilles, se disant la justice d'Alais. Ceci vous étonne, mais tout est mystère ; ces ignorans ont été les interprètes du Ciel. A l'œuvre, reconnaissez l'ouvrier. Si Dieu se conduisait raisonnablement, il se ravalerait jusques à nous ; aussi, en matière de foi, il y a un règle sûre : *cela est absurde, donc cela est vrai* (1). L'homme comprend l'homme, et ne peut comprendre Dieu. Le jugement des imbécilles d'Alais est absurde, donc il est divin. Dieu s'est exprimé par leur bouche, comme autrefois il s'exprima par celle de l'ânesse de Balaam. L'Éternel ne fait jamais parler les savans; faites-y attention, vous verrez toujours les gens instruits crier contre les moines. L'Éternel se méfie de la science, il dit en propres termes : *heureux les pauvres d'esprit, le royaume des cieux est à eux ;* c'est comme s'il disait : anathême contre les gens d'esprit; ils iront en enfer. Il dit aussi : *laissez venir à moi ces petits enfans ;* c'est-à-dire, ces créatures igno-

---

(1) Ce n'est pas une plaisanterie ; on n'ignore pas que c'est une des preuves données par les théologiens. Je crois cela, dit saint Augustin, parce que cela est absurde. *Credo, quod absurdum.*

rantes et hors d'état de raisonner, et auxquelles on peut donner le fouet pour leur prouver le catéchisme.

Je comprends, répondit la pélerine, l'utilité de la règle : *c'est absurde, donc c'est vrai;* mais les infidèles pourraient en dire autant. Non, riposta le moine, parce que leur religion est fausse; la nôtre seule est vraie. Donc ce qui est absurde dans le mahométisme est une preuve de la folie de Mahomet : ce qui est absurde dans le christianisme est une preuve de la divinité du christianisme. D'ailleurs, tous les peuples nous ont pillés. Les Gentils ont eu connaissance de nos livres, mais il y a dans les canons, c'est-à-dire dans les livres sacrés, expliqués par les conciles et les docteurs en théologie, de grandes absurdités, des absurdités extraordinaires, que vous ne trouverez pas ailleurs, et qui prouvent à elles seules l'excellence de notre religion. — Et pourquoi, mon frère, n'ont-ils pas copié ces absurdités, puisqu'ils ont eu connaissance de nos livres? — C'est qu'elles n'y sont pas *matériellement*, mais en esprit; le texte n'est pas absurde, c'est l'explication qui l'est: c'est ici la plus forte preuve de la divinité du christianisme, je la gardais pour la dernière, personne n'en a fait usage, mais elle restera. Les absurdités qui sont textuellement dans les livres ont été copiées, il ne fallait pour cela que savoir lire et écrire : mais les passages qui présentent un sens raisonnable, les Gentils les ont admis raisonnablement, c'est-à-dire, en hommes abandonnés aux fausses lumières de la raison ; au contraire, les docteurs et les pères des conciles, éclairés par le Saint-Esprit, selon cette promesse de Notre Seigneur : *quand trois personnes seront assemblées en mon nom, je serai au milieu d'elles;* les ont expliquées d'une manière absurde, et cette explication forme une double preuve : 1° que Dieu était au milieu des conciles, puisqu'ils ont découvert une absurdité, là où les hommes seuls, les hérétiques, par exemple, n'ont vu qu'une chose raisonnable. 2° Puisque l'explication donnée par les conciles est absurde, elle est vraie; donc Dieu était avec les pères du concile; donc Dieu n'était pas avec les hérétiques; donc notre religion seule est divine. Appliquez la règle à la justice d'Alais; et chantons en son honneur ces saintes et prophétiques paroles : *beati pauperes spiritu*..... Heureux les pauvres d'esprit, trois fois heureux les pauvres d'esprit!

Le moine chantait, son front rayonnait de bonheur, mais tout-à-coup, il se rembrunit, et le saint homme s'écria: hélas! je l'avais oublié, l'Église a horreur du sang, et j'ai versé le sang. — Ah! mon frère, répondit Laurette, que je vous aime avec ces remords! Vous avez tué un homme, et vous en gémissez. Votre cœur est sensible et compatissant. Je craignais de le trouver impitoyable et cruel. Grâce à Dieu! la théologie n'exclut pas l'humanité, et je me réconcilie avec elle, car je ne vous cache pas que vos discours m'étonnent et quelquefois me révoltent. Mais si votre cœur est bon, qu'importent vos discours: ou plutôt, je les approuve, s'ils vous rendent bienfaisant et charitable. Qu'entends-je! répliqua le moine...... Comment expliquez-vous mes remords?...... Je sème donc le bon grain dans une terre ingrate! je vous ai déjà dévoilé tous les mystères de la science, et vous en êtes encore à l'alphabet! Vous voulez faire une mission pour votre propre compte, et vous ne pouvez vous inculquer les premiers principes! N'importe; je suis complaisant, vous êtes docile; je ne désespère pas de vous.

Je me repens, non pas d'avoir tué le vilain, c'était un hérétique, il devait donc être mis à mort; mais je me repens d'avoir versé le sang. En cela, j'ai commis un péché. Je devais l'assommer, ainsi que le pratiquent les prêtres (1), telle est la règle. Je cherche toujours à vous donner deux leçons en une; observez donc, ma sœur, que cette règle : *l'Eglise a horreur du sang*, prouve aussi que par l'Eglise, il ne faut entendre que les prêtres, car il n'est défendu qu'à nous de répandre le sang. L'Eglise n'a nullement horreur de celui que les fidèles répandent pour elle ; donc les prêtres sont l'Église, donc les prêtres sont ou doivent être les ministres partout. Je défie les philosophes de me répondre en raisonnant chrétiennement.

---

(1) Voyez l'Histoire du cardinal de la Rovère, *Jules* II. L'évêque de Paris, pendant le siége de cette ville par les Normands, combattait armé d'une massue, et assommait les ennemis qu'il ne pouvait percer avec le fer; l'Église, disait-il, ayant horreur du sang.

A ces mots le théologien arrête sa mule, descend, se jette à genoux, croise les mains, lève au ciel ses yeux baignés de larmes, et s'écrie :

O comment pourrai-je obtenir le pardon de ma maladresse; anges, archanges, trônes, dominations, chérubins, séraphins, chantez sur vos harpes d'or mes douleurs et mon repentir!

O saint Pierre! qui coupâtes l'oreille à Malchus par le tranchant de l'épée, et fûtes de cela grondé par votre divin maître, j'ai, comme vous, erré par trop de zèle : je me repens et n'attends pas le troisième chant du coq. *Priez pour moi!*

O vous, sainte mère Eglise catholique et militante qui, par horreur du sang, ne nous permettez que d'assommer, *pardonnez-moi!*

J'assommerai, je brûlerai, je ferai assommer et brûler, pendre ou étouffer tous les hérétiques qui seront plus faibles que moi; mais je jure de n'ensanglanter jamais mes mains orthodoxes, et de garder sans tache la robe de lin dont, en ma qualité de moine, je suis censé revêtu. Pour expier mon péché, je me ferai donner la discipline tous les soirs, pendant huit jours, par ma sœur que voilà, par cette chère sœur que j'élève comme une nouvelle Judith pour couper la tête à un nouvel Holopherne, comme une nouvelle Clotilde pour convertir un nouveau Clovis, c'est-à-dire, quelque Roi barbare qui, après avoir commis beaucoup de crimes, voudrait être sanctifié en donnant son bien aux moines.

Sa prière achevée, il remonte sur sa mule, et continue sa route vers Aigues-mortes, sans mot dire, mais récitant dévotement son *pater*. Laurette le suivait dans une surprise extrême. La grâce commençait à opérer en elle. La règle, *c'est absurde, donc c'est vrai*, levait tous ses doutes; dès ce moment elle cessa de raisonner et de contredire son directeur. Elle crut en aveugle. Le soir elle lui donna la discipline; ensuite ils cherchèrent la gloire de Dieu, la virent, et s'endormirent après être entrés en oraison de quiétude.

CHAPITRE XII.

Tempête apaisée.

Ils vendirent leur âne et leur mule, et s'embarquèrent au port d'Aigues-mortes sur un vaisseau génois. D'abord ils voguèrent heureusement; mais enfin une affreuse tempête les assaillit. La mer s'élevait en fureur, et lançait leur frêle esquif au-devant de la foudre, dont les carreaux retentissans frappaient les vagues écumantes; le feu des éclairs répétés par les ondes semblaient embrâser le navire perdu sur une mer de flammes, et les torrens versés par les nues, pénétrés par ces feux célestes, étaient comme des torrens de laves brûlantes lancés par les cratères des volcans mugissans; les ondes bruissaient horriblement, les vents sifflaient, le tonnerre roulait, l'équipage blasphémait. Laurette était en pleurs, et le moine attaché au mât du navire par la corde qui ceignait ses reins, priait; il bravait les vagues, les vents et la foudre. Son chapelet dans ses mains, et le nom de Jehovah dans sa bouche, le mettaient à l'abri du naufrage. Ses yeux cherchaient à lire dans les cieux les moyens de salut. Tout-à-coup il eut une vision; il vit dans l'espace comme une autre mer, un autre vaisseau battu par la tempête, suivi par une énorme baleine, et sur ce vaisseau des nautoniers jouant aux dez.

Il descendit alors dans l'intérieur du navire auprès des matelots désespérés. —Chrétiens, leur dit-il, il y a parmi vous un traître, un méchant, c'est-à-dire, un hérétique ou un philosophe. Je viens d'avoir une vision; votre salut est attaché à sa perte. Qu'il périsse, s'écrièrent toutes les voix! Nommez-le, saint homme. Je ne le connais pas encore, répondit-il, mais il se fera connaître; voyons, confessez-vous, et nous déciderons, mon frère et moi, lequel de vous doit être noyé.

La vue d'un prochain naufrage les décidèrent tous à se confesser; ils déroulèrent leur vie aux yeux du moine charitable; tous étaient ou voleurs ou adultères, ou fornicateurs ou assassins, et beaucoup étaient tout cela à la fois; mais tous étaient dévoués à l'Eglise, soumis à ses décrets, croyans et dévots; tous portaient le chapelet à la ceinture et la croix sur l'épaule; tous allaient en Palestine exterminer les juifs et les infidèles : comment voir là de la philosophie! Le moine était fort embarrassé. Chrétiens, leur dit-il, le méchant est parmi vous, mais il se cache. Profanant les choses saintes dans l'espoir d'échapper à Dieu, il s'est confessé, mais n'a pas dit son crime : Dieu nous le dira lui-même. Apportez les dez, ces instrumens de perdition vont devenir des instrumens de salut. On apporta les dez; et tandis que le saint homme les battait dans le cornet, les chrétiens l'entouraient, les yeux fixés sur la table fatale, le cœur en émoi, et chacun vouant à son saint, auquel il avait le plus de confiance, et sa personne et ses biens. La foudre frappait le navire, les vagues y pénétraient de partout, nulle manœuvre ne le protégeait. Effrayé de cet état affreux, un vieillard, le seul passager dont les mains et le cœur fussent purs, s'approche du moine, arrête le cornet au moment où les dez allaient s'échapper et nommer le coupable, et du doigt montrant les mâts abattus, les cordages déchirés, les ouvertures faites par la foudre, et l'onde se précipitant dans le vaisseau.

Malheureux! vous allez tous périr, et vous pouvez vous sauver tous encore;

rejetez dans la mer la vague qui vous envahit, et non pas l'infortuné proscrit par le sort. En le sacrifiant, vous auriez de moins pour résister à la tempête le secours de la victime. Travaillez, imitez-moi; Dieu ne demande pas des victimes humaines. Il a dit : aide-toi, je t'aiderai.

A mesure que le vieillard parlait, le moine s'épanouissait d'aise. Chrétiens, dit-il, les oracles s'accomplissent, le criminel s'est fait connaître, la main de Dieu est sur lui : voilà *Jonas!* voilà l'hérétique, le philosophe, l'excommunié, et la baleine demande sa proie.

Frères, vous avez forniqué, volé, violé, tué; vous vous repentez, vous vous êtes confessés, vous me compterez la somme portée dans le tarif, je vous absous. Vous voilà blancs comme neige; mais l'âme de ce maudit raisonneur est noire comme charbon, et rien ne peut la blanchir. Son crime est irrémissible.

N'a-t-il pas dit que Dieu ne demande pas des victimes humaines? Il l'a dit, répondirent tous les chrétiens; anathême! ajouta le théologien, il vient de blasphémer. Dieu n'ordonna-t-il pas à Abraham de lui égorger son fils? N'accepta-t-il pas la fille de Jephté?..... Anathême! il a lu les livres sacrés : hérétique, je t'excommunie; philosophe, je te maudis; qu'on le saisisse et qu'on le noie. Le moine ajouta : si tu te repens, à tout péché miséricorde. Ne crains rien; il y a une baleine autour du navire; elle t'avalera et te gardera trois jours dans son ventre. Je te conseilles, si tu n'as rien de mieux à faire, d'y passer ton temps à dire tes patenôtres; voilà mon chapelet. Après trois jours, elle te vomira sur les rivages de la Syrie; tu t'y couvriras de cendres et d'un sac, à la manière des prophètes; tu t'en iras sous les murs de la cité sainte, et tu y prêcheras la repentance et la pénitence;

tu pourras y débiter les lamentations de Jérémie; tu les sais; si tu ne les sais pas, en voilà un chapitre (il le déchira de son bréviaire); tu pourras l'apprendre par cœur dans le ventre du poisson; tu nous attendras sous les murs de Jérusalem, et tu nous diras ce que t'auront dit les Juifs et les Sarrazins.

A ces mots, il lui donna sa bénédiction, fit un signal aux matelots, et les matelots jetèrent l'hérétique à la mer. Tout l'équipage était monté sur les ponts. Le Chroniqueur et l'histoire n'assurent pas bien affirmativement que la baleine l'ait avalé, mais le soleil reparut tout-à-coup et versa sur la mer apaisée la lumière et l'espérance.

Ce miracle plia tout l'équipage aux volontés du moine : on s'empressa de lui payer le prix de l'absolution ; il eut bientôt dans ses mains l'argent de tous ces dévots : en le serrant dans son bissac, il disait à Laurette, vous voyez, ma sœur, comme se vérifient à mon égard les saintes paroles de l'âne : *Dieu protége ceux qui sont siens.* Ce commencement de fortune mit dans son cœur de nobles projets. Il conçut le dessein de fonder un ordre militant pour la propagation de la foi. Ses membres devaient porter la soutane et le surplis, et par-dessus un baudrier en forme de chapelet, où serait attaché le glaive à deux tranchans ; ils devaient être tonsurés, mais, au lieu de calotte, porter un casque ; leur bouche dévote serait ombragée par d'épaisses moustaches, pour justifier les noms de *sapeurs du Christ* et *pioniers de l'Eglise* (*a*). Ils auraient le droit de con-

---

(*a*) Depuis que ceci est écrit, nous avons découvert une nouvelle preuve de l'instinct théologique du Moine. Saint Dominique (d'après Llorentès) établit, en 1219, l'ordre de la Pénitence, dite *Milice du Christ*, et en 1220, fut fondé un *ordre de Chevalèrie*, dit aussi *Milice du Christ.* De la réunion de ces deux milices na-

fesser, d'exhorter et d'exterminer, et même de répandre le sang; le Pape serait supplié de leur octroyer cette faveur; le moine avait éprouvé combien il serait gênant de ne pouvoir se servir que de massue; ils devaient être délateurs, témoins, juges et exécuteurs. On sent quelle déconfiture un pareil ordre pouvait faire des hérétiques et des philosophes. Ses plans furent exécutés après sa mort; semblable à Moïse, il montra la route de la terre promise et n'y arriva pas. Seulement, au lieu d'un ordre, le

---

quirent les *Familiers du Saint-Office* de l'Inquisition. Voilà bien les *Sapeurs du Christ*.

Bonne terre du Languedoc, tu vis les premières armes de ce grand saint Dominique. Tu donnas le jour à la sainte Inquisition. Gloire à toi, terre sacrée! la sainte Inquisition te fut enlevée en apparence, mais ton Parlement te resta; son dernier *acte de foi* fut l'exécution de Calas; mais les Familiers du Saint-Office se perpétuèrent dans ton sein, et 1815 les révéla à l'univers.

vicaire du Christ en établit deux : les jésuites et les dominicains. Les premiers furent espions et délateurs; les autres, juges et exécuteurs; aussi, nous et Dieu aidant, la sainte Inquisition, François Ier, Henri III, Louis XIV, les parlemens et les dragons, ont fait entrer dans le bercail beaucoup de brebis égarées. Néanmoins, le plan du saint homme aurait dû être suivi en entier; un seul ordre réunissant tous les moyens d'une douce et sainte violence, aurait fait entrer plus de brebis et plus vite, et aurait eu quelque chose de plus *romain.*

CHAPITRE XIII.

Le métier d'Abraham.

Quoique dans son plan il donnât à ses moines le droit de confiscation, droit dont l'exercice non interrompu devait faire découvrir les hérétiques les plus cachés; cependant il vit bien qu'il fallait débuter par offrir une certaine aisance à ses associés; il avisa donc aux moyens de s'enrichir de plus en plus. Que ferais-je, se disait-il, pour y parvenir! La sainte Bible m'offre plusieurs moyens : ferai-je comme le prophète-roi, assassiner un autre Urie pour avoir son bien? Prendrai-je l'habit du voisin afin qu'il me donne encore son manteau? Demanderai-je la dixième partie des fruits de la terre? Réclamerai-je le premier né u troupeau; le gigot de la brebis égor-ée; la laine de la bête tondue? et si le aître du troupeau, impatienté de mes emandes, l'envoie au diable, le pren-rai-je pour moi, comme fit autrefois grand-prêtre Aaron? car ce qui est audit appartient au Seigneur. Ah! le èle de la maison de Dieu me dévore! 'emploierai à la fois tous les moyens xpliqués dans la Bible; mais nous vo-uons vers une plage infidèle : ces co-uins de Sarrazins ne voudront me lonner ni la dîme, ni l'agneau, ni le igot, ni la brebis, ni la laine..... Que erai-je donc!... Ce que je ferai..... Je erai le métier d'Abraham : on peut 'exercer avec les infidèles.

Belle Laurette, dit-il, vous allez de-enir une des colonnes de l'Eglise. Les emmes plantèrent en Europe l'arbre de la Croix : vous le planterez en Asie. Votre mission va commencer. Sainte Hélène subjugua saint Constantin; sainte

Clotilde, saint Clovis; sainte Laurette subjuguera saint Soliman : je vous nomme déjà saints l'un et l'autre, car vous ferez un saint de ce scélérat si vous en obtenez de l'argent pour les moines, et vous serez sainte vous-même : c'est la règle.

Ils abordèrent sur les rivages d'Antioche. Le théologien dit à la belle missionnaire : Reprenez des habits de femme, allons voyager dans les pays sarrazins : *Vous y passerez pour ma sœur, afin qu'on me fasse du bien à cause de vous.*

Telles furent les paroles d'Abraham à la vieille Sara. Toute vieille qu'elle était, elle lui valut de grandes richesses. Vous êtes jeune, belle, jolie; je deviendrai le plus riche des hommes. Je vois déjà les sapeurs du Christ, la hache à la main, abattre les forêts pour former les bûchers où seront brûlés tous les hérétiques de l'univers. Hésiteriez-vous à imiter la mère du peuple de Dieu! Si c'était *gratis*, et avec les chrétiens, il y aurait du mal, mais c'est en payant, et avec les infidèles : c'est canonique et conforme aux vues du Très-Haut. D'ailleurs, vous aurez toujours ce poignard sous votre robe, et lorsque j'aurai touché le prix convenu, que le galant sera endormi, d'une main vous le prendrez aux cheveux, de l'autre vous lui couperez le cou et m'apporterez sa tête, comme l'exécutaient les prophétesses juives en sortant de table. Ensuite je vous vendrai à un autre Sarrazin, qui me paiera encore, et que vous égorgerez également, et ainsi de suite de l'un à l'autre, jusqu'à la délivrance de Jérusalem et à la formation des sapeurs du Christ. En imitant les exemples de Sara et de Judith, vous vivrez saintement, vous planterez l'arbre de la croix, vous délivrerez le tombeau du Sauveur, vous enrichirez l'Eglise; et, en récompense, l'Eglise vous mettra au nombre des bienheureuses, d'abord dans le Ciel, et ensuite dans l'*Almanach*, qui est le *nec plus ultrà* de la gloire des saints.

Ainsi dit le moine; il vendit Laurette à l'homme de confiance d'Abenzaïd, lieutenant de Soliman. Comme elle entrait dans le sérail, il lui remit un poignard, et lui dit : Allez, nouvelle Judith, chaste et noble héroïne du nouveau peuple de Dieu, allez prendre place aux côtés de cet autre Holopherne. Tuez ou convertissez; *mort ou catholique*, c'est la loi et les prophètes (1).

La chaste chrétienne, au lieu d'attendre qu'Abenzaïd fût endormi, lui porta, comme il se mettait auprès d'elle, un coup mal assuré. Ce fut plutôt un avertissement de se défier de sa conquête, qu'une attaque réelle. La main et le

(1) C'est ce que l'on dit à Henri IV, le jour de la Saint-Barthélemy.

cœur lui faillirent. Aux cris d'Abenzaïd les esclaves accoururent. La timide Judith nomma le moine. On le trouva sous les murs du sérail, tenant des deux mains un sac ouvert, pour y recevoir la tête d'Holopherne. Il fut arrêté, bâtonné sur la plante des pieds, condamné à être empalé, et emprisonné, en attendant l'heure de l'exécution fixée au lendemain, pour donner le loisir d'arriver à tous les Sarrazins de la ville, curieux de voir un moine, et un moine sur un pal.

Enchaîné debout contre les piliers de sa prison, et ne pouvant s'appuyer sur ses pieds meurtris et déchirés, il s'écriait :

O justice d'Alais, où es-tu!!...

Cependant le jour avait recommencé, le soleil brillait sur l'horizon, le moine entendait le bruit de la foule accourant pour assister à ses derniers momens.

Conçoit-on son désespoir? Mourir

n'était rien; mais mourir sans confession, mourir sans avoir confié à personne les statuts de l'Ordre militant des sapeurs du Christ! L'intérêt de son âme, celui de l'Église exigeaient qu'il vécût; il pria le Dieu d'Israël de le sauver par un miracle : le Dieu d'Israël ne fit point de miracle. Il ne pouvait échapper à la mort qu'en apostasiant, Dieu voulait donc qu'il apostasiât; car il ne pouvait vouloir la ruine de l'Eglise, de l'Église dont le triomphe dépendait de l'établissement des sapeurs. Il chercha dans *la Sainte-Bible*, où tout se trouve, comment on pouvait légitimement répudier son Dieu. Soudain il eut une vision; un ange lui dit : « Souviens-toi » de Jacob, et marches sur ses traces. »

Quelle soudaine lumière! s'écria-t-il; je me souviens maintenant de ce bon patriarche, je le vois dans sa détresse élever ses mains vers l'Eternel, et *lui faire vœu, disant :*

« Si le Seigneur me conduit dans mes » voyages, s'il me donne du pain pour » manger et des habits pour me cou- » vrir, le Seigneur alors sera mon » Dieu. »

Le Seigneur lui donna du pain et des habits, et le Seigneur fut son Dieu; donc, s'il ne lui avait donné ni des habits, ni du pain, il ne l'aurait pas été. Jacob fit son traité, je vais faire le mien; si Jéhovah ne m'accorde pas ma demande je passe du côté de Baal; *la Bible* est révélée, et l'on ne peut errer en y puisant des règles de conduite.

Eh bien! Dieu de Jacob, je te fais vœu, disant: Si tu m'ôtes mes chaînes; si tu fais tomber les portes de ma prison; si tu me donnes des habits pour me couvrir, du pain à manger et du vin à boire, tu seras toujours mon Dieu. *Amen!*

Ni les portes ne s'ouvrirent, ni ses

fers ne tombèrent. Après avoir vainement attendu, il reprit :

Dieu de Mahomet, je te fais vœu, disant : Si tu m'évites d'être empalé ; si tu fais tomber mes chaînes et les portes de ma prison ; si tu me donnes des habits pour me couvrir, du pain à manger et du vin à boire, mais en cachette, car il faut éviter le scandale ; je répudierai le Dieu d'Isaac ; et le Dieu d'Ismaël et de Mahomet sera mon Dieu. *Alha!!*...

Alha! Mille bouches redirent ce mot sacré. Le garçon de la geole avait déjà mis la main sur le verrou du cachot ; il venait prier le moine de paraître devant la nombreuse compagnie impatiente de le voir. Le garçon étonné s'arrête.... et crie : Alha !... L'escorte, marchant sur les pas du garçon, comme lui s'arrête, et s'écrie : Alha ! le maître geolier, qui, d'un peu plus loin, observait le garçon ; les enfans du geolier, ses concubines et ses femmes, ses valets et leurs femmes et leurs enfans, rangés en haie sur le chemin du moine; les curieux qui s'étaient groupés à la porte extérieure des prisons, répétèrent le même cri; ce cri retentit jusque sur la place; et les spectateurs, les soldats, les juges, les imans, réunis autour de l'échafaud; les bourreaux qui savonnaient le pal, et les femmes sensibles qui respiraient déjà des odeurs pour calmer leurs nerfs, levèrent les mains au ciel, les croisèrent sur la poitrine, la droite sur la gauche, les portèrent ensuite sur les genoux, s'aplatirent le dos, s'inclinèrent dévotement, et crièrent par trois fois : Alha! alha! alha!

En remontant d'un cri à l'autre on arriva jusqu'au moine. Une folle joie s'empara de ces infidèles; il leur semblait que les destins s'expliquant par sa bouche promettaient la victoire au prophète. Le renégat fut conduit sur la place; et là, sur l'échafaud préparé pour son supplice, on lui fit, en présence du peuple émerveillé, l'opération à laquelle Moïse soumit tous les Juifs, et dont le Fils de Dieu ne fut pas exempté lui-même. Cette opération hébraïque prouva que la chasteté des moines était le résultat d'une grande vertu, et non d'une honteuse impuissance. Un cri d'admiration s'éleva de partout; peu s'en fallut alors que ce peuple témoin des merveilles du christianisme ne se fît chrétien ; mais les imans refusèrent de prendre les mêmes engagemens que les moines, dans la crainte de ne pouvoir les tenir; ils arrêtèrent l'élan général, et ce peuple, à moitié converti, retomba dans l'idolâtrie, pour n'avoir pu trouver dans son sein des hommes qui osassent faire vœu de chasteté. O faiblesse! ô lâcheté des ministres des faux dieux! ô miraculeuse intrépidité des lévites du Très-Haut!.. vit-on jamais des étudians en théologie, dans la force de l'âge, reculer devant le malin, et refuser de prêter le serment d'être chastes?.... Non..., ils se font raconter la vie de leurs professeurs..., et ils jurent!!..

FIN DU PREMIER VOLUME.

TABLE DES CHAPITRES.